Wolfgang Ratzmann

Von Hoffnung predigen

Wolfgang Ratzmann

Von Hoffnung predigen

Glaubensreden in einem Zeitalter der Katastrophen

Fromm Verlag

Impressum/Imprint (nur für Deutschland/ only for Germany)
Bibliografische Information der Deutschen Nationalbibliothek: Die Deutsche Nationalbibliothek verzeichnet diese Publikation in der Deutschen Nationalbibliografie; detaillierte bibliografische Daten sind im Internet über http://dnb.d-nb.de abrufbar.
Alle in diesem Buch genannten Marken und Produktnamen unterliegen warenzeichen-, marken- oder patentrechtlichem Schutz bzw. sind Warenzeichen oder eingetragene Warenzeichen der jeweiligen Inhaber. Die Wiedergabe von Marken, Produktnamen, Gebrauchsnamen, Handelsnamen, Warenbezeichnungen u.s.w. in diesem Werk berechtigt auch ohne besondere Kennzeichnung nicht zu der Annahme, dass solche Namen im Sinne der Warenzeichen- und Markenschutzgesetzgebung als frei zu betrachten wären und daher von jedermann benutzt werden dürften.

Coverbild: www.ingimage.com

Contact:
International Book Market Service Ltd., 17 Rue Meldrum, Beau Bassin, 1713-01 Mauritius
Website: www.bookmarketservice.com
Email: info@bookmarketservice.com

Gedruckt in: USA, UK, Deutschland. Dieses Buch wurde nicht in Mauritius produziert.

Imprint (only for USA, GB)
Bibliographic information published by the Deutsche Nationalbibliothek: The Deutsche Nationalbibliothek lists this publication in the Deutsche Nationalbibliografie; detailed bibliographic data are available in the Internet at http://dnb.d-nb.de.
Any brand names and product names mentioned in this book are subject to trademark, brand or patent protection and are trademarks or registered trademarks of their respective holders. The use of brand names, product names, common names, trade names, product descriptions etc. even without a particular marking in this works is in no way to be construed to mean that such names may be regarded as unrestricted in respect of trademark and brand protection legislation and could thus be used by anyone.

Cover image: www.ingimage.com

Contact:
International Book Market Service Ltd., 17 Rue Meldrum, Beau Bassin, 1713-01 Mauritius
Website: www.bookmarketservice.com
Email: info@bookmarketservice.com

Printed in: U.S.A., U.K., Germany. This book was not produced in Mauritius.

ISBN: 978-3-8416-0265-7

Wolfgang Ratzmann

Von Hoffnung predigen

Glaubensreden aus einem Zeitalter der Katastrophen

Fromm Verlag 2012

Inhaltsverzeichnis

Vorwort

Wie es scheint, sind wir aus einem Jahrhundert der großen Kriege, dem 20. Jahrhundert, in ein Zeitalter der großen Katastrophen, in das 21. Jahrhundert, gelangt. Stürme und Erdbeben eines bisher unbekannten Ausmaßes, Überschwemmungen und Trockenheiten fordern immer wieder Hunderte und oft sogar mehrere Tausend Todesopfer. Terroristische Zerstörungen richten sich nicht nur gegen menschliche Symbole der Macht, sondern ebenso gnadenlos gegen unschuldige Menschen, gegen Männer, Frauen und Kinder. Die Medien liefern uns die erschreckenden Nachrichten tagtäglich ins Haus. Hinzu kommen die persönlichen Krisen und Schicksalsschläge, die viele Menschen individuell bewältigen müssen.

In solchen Zeiten fällt es vielen Menschen schwer, an Gott zu glauben. Da scheint eher die Hölle losgelassen. Da ist von der Macht der Liebe Gottes oft nichts zu spüren. Da haben die leichtes Spiel, die da sagen: Wenn es Gott gäbe, dann dürfte er das alles doch nicht zulassen – weder einen 11. September 2001, noch die Kriege im Irak oder in Afghanistan, weder die Flutkatastrophen von Thailand und Fukushima noch die tödliche Trockenheit in Ostafrika. Und da sehnen wir uns wohl alle danach, dass Gott ein Zeichen geben möge, dass er dennoch nahe ist, dass er eingreifen, schützen, ordnen, ermutigen und die Hölle beenden möchte.

In unserem Jahrhundert steht die christliche Predigt deshalb wohl in besonderer Weise vor der Herausforderung, angesichts solchen vielfachen Leides dennoch von dem zu reden, was Menschen ermutigt und zu neuer Hoffnung befähigt. Christliche Predigerinnen und Prediger müssen solche Zuversicht nicht aus sich selbst nehmen, sondern sie dürfen sich dabei auf das Reservoir biblischer Texte stützen, in denen Menschen früherer Zeit ihren Gottesglauben als Grund ihrer Hoffnung elementar bezeugt haben. Ich habe als Leiter eines Predigerseminars und später als Professor für Praktische Theologie in Leipzig über mehr als drei Jahrzehnte hinweg versucht, junge Menschen im Predigen zu lehren, und ich hatte auch selbst reichlich Gelegenheit zu predigen – in den letzten zwanzig Jahren vor allem im Leipziger Universitätsgottesdienst in der Stadt- und Pfarrkirche St. Nikolai im Herzen der Stadt Leipzig. Dabei habe ich immer wieder die Bibel als das Buch einer Hoffnung entdecken können, die selbst durch solch schlimme Katastrophen nicht ausgelöscht wird. Wo es uns die Sprache verschlägt, helfen uns oft die alten Texte, wieder neu Sprache zu finden. Und wo wir uns durch biblische Gestalten in ihre Hoffnungsperspektiven mitnehmen lassen, dort entdecken wir oft auch eigene Erfahrungen und heutige Sichtweisen, die uns helfen können, die biblischen Perspektiven zu verstehen und zu übersetzen. Deshalb ist es gut, wenn gelegentlich kleine Beispielgeschichten mit Erfahrungen anderer oder auch von uns selbst die Predigten bereichern.

Ich wünsche den Leserinnen und Lesern, dass sie sich durch diese Sammlung von Predigten aus den Jahren 2001 bis 2011 in die Hoffnungsperspektiven der biblischen Zeugen hineinziehen lassen und dass ihnen diese Predigten helfen mögen, heute ihre Lebens- und Glaubenshoffnungen zu bewahren und zu erneuern.

Leipzig, Neujahr 2012

Wolfgang Ratzmann

Österliche Erfahrungen für Zweifler.

Predigt über Mk 16,9-20 am Sonntag Quasimodogeniti 2001 im Universitätsgottesdienst in der Nikolaikirche Leipzig

Liebe Gemeinde,
die Fachleute für die wissenschaftliche Bibelauslegung bezeichnen diese letzten Verse aus dem Markusevangelium als den „unechten Markusschluss". Und auch in meiner Lutherbibel steht, dass dieser Abschnitt vermutlich erst im zweiten Jahrhundert an das Markusevangelium nachträglich angefügt wurde. Zunächst – in den ältesten Handschriften – hörte das Markusevangelium mit der Ostergeschichte auf, in der die drei Frauen mit Zittern und Entsetzen von dem Grab flohen. Und der letzte Satz hieß: „Und sie sagten niemandem etwas, denn sie fürchteten sich."

Blankes Entsetzen, Angst und die Absicht, keiner Menschenseele etwas zu sagen: Konnte so ein Evangelium aufhören? Die Gemeinden der zweiten und dritten Generation hatten auch ganz andere Erfahrungen mit Ostern gemacht. Sie schätzten zwar das Markusevangelium hoch. Sie waren aber mit dessen sonderbarem Schluss nicht einverstanden und wollten ihre eigenen Ostererfahrungen hineinschreiben in das Evangelium – mit diesem neuen Schluss. Um welche Einsichten geht es? Drei Stichworte sollen die Ostererfahrungen zusammenfassen, von denen in diesen Versen die Rede ist:

Erstes Stichwort: Osterzweifel.
Noch einmal erinnert unser Abschnitt an bekannte Ostergeschichten, wie sie Lukas und Johannes erzählen: Wie Jesus als der Auferstandene der Maria aus Magdala erschien und wie sie hinging, es den Freunden Jesu weiterzusagen. Aber ohne Erfolg: „Als diese hörten, dass er lebe und sei ihr erschienen, glaubten sie es nicht." Und wie er den Emmaus-Jüngern erschien, und wie die hingingen, es weiterzusagen. „Aber auch denen glaubten sie nicht." Und wie der Auferstandene selbst zu seinen Jüngern kommt und sie wegen ihres Osterzweifels ermahnt.
Nicht das Entsetzen ist die dauerhafte Antwort von Menschen auf die Auferstehungsnachricht, sondern viel häufiger und immer wieder der Zweifel, der Unglaube. Er ist die uralte Begleitmelodie von Ostern von Anfang an. Und von ihm sind nicht nur die erfüllt, die draußen vor der Kirchentür stehen, sondern immer wieder auch die drinnen: der engste Jüngerkreis, die Christen selbst. „ ... und glaubten ihnen nicht." Ähnlich erzählt es Johannes in der Evangelienlesung von Thomas, dem einen Jünger, der zur Symbolfigur des Osterzweifels zu allen Zeiten wurde.

Mindestens in dieser Ostererfahrung sind wir heute denen von damals sehr nahe. Die Skepsis gegenüber der Auferstehung Jesu teilen viele, die Jesus sonst durchaus hoch schätzen. Die Religionssoziologen sagen, es gäbe unter den jungen Kirchenmitgliedern in Deutschland inzwischen mehr Personen, die die buddhistische Reinkarnationslehre für plausibler halten als den biblischen Auferstehungsglauben. Und es gibt wohl keinen Christen, der sich nicht bisweilen mit der Frage herumschlägt, ob das mit der Osterbotschaft wirklich wahr sei und wie es denn zu verstehen sei. „Und als diese es hörten, glaubten sie es nicht." Wie die „neugeborenen Kinder", die noch nicht viel verstehen – so nicht nur die neu dazukommenden Christen angesichts von Ostern, sondern auch die „alten Hasen“ im Glauben. Oft zweifelnd – das kenne ich von mir, und vermutlich kennen Sie das auch von sich.

Wie kommt das? Der Osterzweifel erwächst wohl aus unseren ständigen Erfahrungen. Die Welt des Todes umgibt uns doch tagtäglich. Die Älteren spüren es, wie ihnen plötzlich etwas schwer fällt, was sie ein Leben lang ohne Anstrengung erledigt haben. Die Zeichen des näher kommenden eigenen Todes sind nicht mehr zu überspielen. Die Nachrichtensendungen liefern uns Bilder von der unglaublichen Macht von tödlichen Seuchen in unsere Wohnstuben. Ich denke an die Berichte über die AIDS-Kranken in Südafrika, wo jeder neunte Mensch von dieser modernen Pest befallen ist. Ohnmächtig und sprachlos sehen wir die Bilder von Schwangeren, die schon vom Tod gezeichnet sind. Es ist doch nicht nur das intellektuelle Problem, wie man sich Auferstehung denken kann, sondern viel mehr die existentielle Erfahrung von der offenkundig ungebrochenen Macht des Todes. Wie soll man da an Ostern, an die Überwindung des Todes glauben?

Mir fällt auf, dass Jesus in unserem Abschnitt keine lange Diskussion anfängt über den Zweifel und über Ostern, über das leere Grab oder die anderen Ostererscheinungen, über den Auferstehungsleib oder Seele und Geist. Das alles spielt hier keine Rolle. Vielmehr beauftragt er die, die eben noch gezweifelt hatten: „Geht hin in alle Welt und predigt das Evangelium aller Kreatur ...!“ Sie, die Zweifler, werden beauftragt, die Osterbotschaft zu bezeugen. Was heißt das?

Ich glaube nicht, dass das bedeutet, alles intellektuelle Nachdenken über Ostern sei unsinnig. Das hat sein Recht. Aber es hat offenbar auch seine Grenze. Lassen Sie es mich einmal persönlich sagen: Ich habe mein Theologiestudium vor langen Jahren begonnen – auch deswegen, weil ich so viele Fragen an die Bibel und den Glauben hatte, auch die Auferstehung betreffend. Viele Fragen haben sich durch das Studium geklärt. Aber viele neue sind aufgerissen worden. Und so bin ich mit manchen alten und vielen neuen Fragen in das Vikariat und in das Pfarramt gegangen. Und ich habe sie mitgenommen in die Predigtvorbereitungen, in die Gespräche mit Alten und Kranken, in die Diskussionen mit jungen Leuten, auf die Friedhöfe und in die Gemeindehäuser. Und dabei sind mir neue Erfahrungen hinzugewachsen – nicht nur Erfahrungen aus der tagtäglichen Welt des Todes, sondern auch Erfahrungen von Ostern her, Erfahrungen des Lebens, Erfahrungen mit dem Auferstandenen. So ist das offenbar, wenn Jesus Zweifler beauftragt, die Hoffnung zu bezeugen mit Worten oder Taten. Gerade so weitet er unseren Blick. Gerade so hilft er uns, nicht mehr nur den Tod, sondern auch das österliche Leben wahrzunehmen, auch in einer Welt von AIDS und Gewalt.

Und damit sind wir beim *zweiten Stichwort: Osterbegegnungen.*

Dass in unserem Text gerade an zwei bekannte Ostergeschichten erinnert wird, ist wohl kein Zufall. Gemeinsam ist ihnen, dass der Auferstandene zunächst nicht erkannt wird, weil er ihnen in einer „anderen Gestalt“ begegnet, wie es heißt. Und gemeinsam ist ihnen auch, dass sie in diesem scheinbar Unbekannten dann plötzlich den Herrn erkennen: Maria Magdalena, die zunächst denkt, er sei der Gärtner, und die beiden Wanderer nach Emmaus, die ihn für einen fremden Wanderer halten und ihm Nachtquartier anbieten. Geschichten von Osterbegegnungen, die den Christen auch später wichtig waren. Warum? Nur als historische Stories? Wohl eher als Geschichten, in denen etwas ganz Wesentliches von dem festgehalten wurde, was auch sie erfuhren:

- Da erlebt man sich fast immer nur als ein kleines Rädchen im Getriebe einer Gesellschaft, eines Unternehmens, eines Verbandes. Die anderen schätzen einen immer nur in einer begrenzten Funktion: als Steuerzahler, als Arbeiter, als Wähler. An mir selbst, an mir als Person, ist eigentlich niemand interessiert. Aber Maria aus Magdala, eine Frau mit zweifelhafter Vergangenheit, erlebt es, wie sie als Person angeredet wird und wie der Auferstandene sie bei ihrem eigenen Namen anspricht: „Maria". Osterbegegnung: entdecken, dass Gott, dass Christus uns bei unserem eigenen Namen nennt. Dass wir ihm als Person wichtig sind. Das ist bei unserer Taufe geschehen, als er uns bei unserem Namen genannt und wertgeschätzt hat. Deswegen gehören Ostern und die Taufe eng zusammen. Und solche Osterbegegnungen können sich wiederholen, wenn Menschen einmal ausbrechen aus dem gesellschaftlich üblichen Kommunikationsstil – und wenn sie sich ganz auf uns einlassen. Da kann hinter ihnen das Gesicht des Auferstandenen hervorschimmern. Da entsteht aus einer solchen Begegnung der Liebe, der aufmerksamen Zuwendung wieder neue Lebenskraft. Osterbegegnung.
- Oder da wandern wir durch die Orte und Tage unseres Lebens. Die Begrenztheiten des eigenen Lebens, die fehlenden Perspektiven für Kirche und Gesellschaft, die Welt in der Hand des Todes – das kann sich mit den Jahren aufs Gemüt legen. Aber da kommen wir mit einem Menschen ins Gespräch über unsere Welt und unsere Zeit und über uns selbst und über Gott, und wir laden ihn ein in unser Haus und vielleicht auch an unseren Tisch, weil es Abend wird – und erkennen irgendwann: Der war uns ganz wichtig. Durch ihn gingen uns die Augen auf. Durch ihn geschah es, als hätte Christus selbst zu uns geredet. Heilsame Unterbrechung, neue Sicht. Und so ähnlich und zugleich ein wenig anders wird der Alltag unserer Lebenswanderung immer wieder unterbrochen durch den Sonntag und den Tisch, an dem wir uns mit anderen Christen versammeln, und wir entdecken, dass es etwas Österliches ist, was hier geschieht, wo wir das Brot brechen in seinem Namen, und dass er selbst hier mitten unter uns ist. Osterbegegnung.

Nicht umsonst sind es gerade diese beiden typischen Geschichten, die der Verfasser erwähnt. Nicht nur der Schrecken, nicht nur der Zweifel, sondern auch solche Osterbegegnungen finden statt, seitdem Christus auferstanden ist.

Und in eine ähnliche Richtung zielt schließlich auch das *dritte Stichwort: Osterzeichen.*
Die Zweifler werden beauftragt mit der Verkündigung. Sie werden an die Osterbegegnungen erinnert. Und sie erhalten eine Zusage, dass ihre Worte bekräftigt werden durch „mitfolgende Zeichen", wie es heißt. Es sind freilich ziemlich eigenartige Zeichen, von denen der Verfasser redet: Böse Geister sollen ausgetrieben, in neuen Zungen soll gesprochen werden. Schlangen und Gift sollen den Predigern nichts anhaben. Das alles kommt uns vermutlich sehr fremd und märchenhaft vor.

Aber die Zeichen, die hier genannt werden, erinnern zugleich an die damalige bedrohliche Welt: Böse Geister trieben ihr Unwesen in ihr. Wenn man durch die Dörfer ging, konnte unter jedem Stein eine Schlange lauern. Wenn man etwas trank, konnte man nicht wissen, ob es giftig ist. Gegen viele Krankheiten gab es kein Mittel. Und Gift und Dämonisches ging auch von den Machthabern aus, die den Christenglauben zu zerstören suchten. Es war eine Welt, in der es oft sehr vernünftig war, sich zu ängstigen. Aber in den merkwürdig-fremdartigen Aussagen über die österlichen Zeichen schimmert die erstaunliche Erfahrung durch, dass Christus letzten Endes oft stärker gewesen ist als alle diese bedrohlichen Kräfte. Und sie formulieren die Zuversicht, dass das auch in Zukunft so sein wird. Das Verhältnis zur bedrohlichen Welt mit ihren Dämonien und Giften konnte und kann anders werden seit Ostern: angstfreier, entspannter, zuversichtlicher. „Ich bin gewiss, dass nichts uns scheiden kann von der Liebe Gottes, die in Christus Jesus ist, unserem Herrn." So hat es Paulus geschrieben.

Osterzeichen. Auch wir werden gefragt, ob sich österlicher Glaube nicht immer wieder auch darin zeigt, dass wir aus den Ängsten vor den Giften und Dämonien unserer Tage freikommen. Ob er sich nicht auch heute darin bewahrheitet, dass wir zwar bedroht sind, aber nicht zugrunde gehen; dass wir angefochten, aber nicht verlassen werden; dass wir gefährdet sind, aber nicht darin umkommen. Ich bin sicher: In unserer Seele finden sich nicht nur die tiefen Eindrücke von der Macht der Todeswelt. Wir sind nicht verdammt zur Perspektive des Todes. Sondern in unserer Seele und in unserer Biographie finden sich auch viele Erfahrungen der Bewahrung und des Lebens. Österliche Zeichen, die damals und heute die Osterbotschaft begleiteten. Zeichen, auf die wir uns auch heute verlassen können, wenn wir aus den Zweiflern zu Boten der Auferstehungsbotschaft werden – in Worten oder in Taten.

Das alles und wohl noch viel mehr will uns der „unechte Markusschluss" sagen. Mitnehmen will er uns auf den Weg der Osterzeugen durch die Jahrhunderte. Ist er nun ein guter Schluss – unecht vielleicht, aber richtig? Ich denke: Einen richtigen gedruckten Evangeliumsschluss gibt es überhaupt nicht. Wie es weitergeht mit Jesus und mit Ostern – das können wir selbst erleben. Die Fortsetzung schreiben wir mit, wir zweifelnde Osterzeugen. Der echte Schluss bleibt offen – für dich und für mich.

Amen

Jungen Menschen unsere Hoffnungen zeigen.

Predigt über Mt 13,44-46 im Gottesdienst mit Lehrerinnen und Lehrern für Religions- und Gemeindepädagogik zu Beginn des Schuljahres 2001/2002 in der Reformierten Kirche Leipzig

Liebe Schwestern und Brüder,
als Predigttext möchte ich drei Verse aus dem Matthäus-Evangelium wählen, und zwar aus einem Abschnitt, der am vergangenen Sonntag für die Predigt vorgesehen war. Vielleicht denken Sie jetzt: Der macht es sich einfach und hält uns jetzt noch einmal seine Sonntagspredigt. Aber das habe ich schon deswegen nicht vor, weil ich am Sonntag noch im Urlaub war und nicht zu predigen hatte. Nein, merkwürdigerweise ist mir im Blick auf unseren Gottesdienst unabhängig von den Perikopenlisten der Kirche der gleiche Text eingefallen, nämlich das Doppelgleichnis vom Schatz im Acker und von der kostbaren Perle. Und auch wenn viele von Ihnen darüber schon eine Sonntagspredigt gehört haben, möchte ich an diesem Text festhalten, weil wir in unserer Gemeinschaft der Religions- und Gemeindepädagogen noch ganz andere Aspekte entdecken werden als in einer normalen Ortsgemeinde.
Nun hört die wenigen Verse, wie sie bei Matthäus im 13. Kapitel stehen (Lesung des Textes).

Was halten wir von diesen beiden Leuten und von ihrer Handlungsweise?

Mein erste Empfindung war: Die sind schön dumm. Mindestens von dem Kaufmann mit der Perle gilt das wohl. Da gibt es so viel tollen Schmuck, so viele unendlich wertvolle Perlen – und er will nur die eine, große, wunderschöne, ganz kostbare. Vielleicht kriegt er sie nie wieder los. Vielleicht ruiniert sie ihn und sein Geschäft. Total unvernünftig, dieser Mann.
In den beiden Kurzgleichnissen begegnen wir Menschen, die wohl mit Vielfalt generell ihre Schwierigkeiten haben. Leben geschieht doch heute inmitten von Vielfalt, im Pluralismus. Wer sich so festlegt, wer sich so bindet, wer so alles auf eine Karte setzt, gibt 1000 andere Möglichkeiten preis! Wer weiß, welche Schätze noch in den Äckern des Lebens vergraben liegen? Wer weiß, welchen Perlen ich demnächst noch begegne? Und dann ist es zu spät. Sind die beiden, sind Menschen mit einer solchen Haltung nicht wirklich ziemlich dumm?

Aber wenn wir genauer hineinhören, dann spüren wir zugleich etwas von der Begeisterung, von der Freude, die beide erfüllt: den, der den Acker mit dem Schatz kauft, und den, der sein ganzes Vermögen für die eine Perle hinblättert. „*In seiner Freude* ging er hin und verkaufte alles, was er hatte, und kaufte den Acker", heißt es. Die freudige Begeisterung ist bei beiden nicht zu übersehen. Sie mögen nach den Normen des alltäglichen Lebens ziemlich dumm sein und mit ihrem Verhalten viele andere Optionen ausschlagen. Aber sie sind gewiss, dass sie das Richtige tun. Sie tun, wie es ihnen ums Herz ist. Sie spüren gar nicht, was sie aufgeben oder ausschlagen, sondern sind mit innerer Freude erfüllt. Dietrich Steinwede hat in seinem Sachbilderbuch „Himmel – Reich Gottes"[1] eine große schöne und schimmernde Perle abgebildet. Wenn ich sie sehe, dann kann ich mir den

---

[1] Dietrich Steinwede: Himmel – Reich Gottes. Lahr/Düsseldorf 1980 bzw. (Ost-)Berlin 1988, 43.

Kaufmann vorstellen mit seiner Faszination von dieser Schönheit, mit seiner unglaublichen Begeisterung für diese eine große Kostbarkeit.

Was könnte an diesem Doppelgleichnis für uns, für die Gemeinschaft von Lehrerinnen und Lehrern in Schule und Kirchgemeinde wichtig sein?

Auch in der Woche, die heute zu Ende geht, gab es wieder einmal eine besondere Schreckensmeldung in den Medien. Jugendliche aus Halle, fast noch Kinder, haben einen Erwachsenen grausam zu Tode gequält: geschlagen, mit Haushaltschemikalien übergossen und verbrannt. Ob sie noch Schüler sind? Auf jeden Fall haben sie viele Stunden ihres Lebens in Schulen zugebracht. Ob sie den schulischen Religionsunterricht besucht haben oder die Christenlehre in einer Kirchgemeinde? Vermutlich nicht, aber genau wissen wir es nicht. Welche Art Lehrer und Lehrerinnen werden sie wohl erlebt haben? Fachlich und menschlich qualifizierte Persönlichkeiten, die für sie da waren? Oder Leute, die zynisch oder resigniert auch nur „ihren Job“ gemacht haben?

Vielleicht wenden Sie jetzt zu Recht ein, dass man nicht alle Schuld der Schule und den Lehrern anlasten darf. Das ist wahr. Die Ursachen für unmenschliche Grausamkeiten von Jugendlichen heute sind vielfältiger. Die Familien spielen eine Rolle, die Gesellschaft, das Gefühl, überall nicht ernstgenommen und nicht gebraucht zu werden usw. Und dennoch: Auch die Schule, auch die Kirchgemeinden, alle Personen mit pädagogischer Verantwortung gehören mit hinein in das Geflecht möglicher Ursachen für Gewaltbereitschaft. Wir alle prägen junge Menschen, und zwar auch dann, wenn wir sie gerade nicht prägen wollen, dann, wenn wir uns nicht falsch oder gar nicht um sie kümmern.

Was machen die Erwachsenen falsch, die irgendeine pädagogische Verantwortung für Heranwachsende haben? Wenn man den Hinweisen der Fachleute folgt, dann begegnen den Kindern und Jugendlichen zu viele Lehrer als bloße Wissensexperten und zu wenige als Personen. Dann treffen sie auf eine Fülle von Sachinformationen, für die sich die Lehrer nicht engagieren und von denen nicht sicher ist, ob sie morgen noch gebraucht werden. Und zugleich fehlen ihnen Persönlichkeiten, die für eine Sache aufgehen, die für ein Anliegen brennen, die für einen Standpunkt mit überzeugenden Argumenten und leidenschaftlich zugleich werben.

Ich denke noch an ein Gespräch mit einem Dozenten der damaligen Pädagogischen Hochschule Leipzig in der Wendezeit, der mir sagte, in der DDR habe man alles mit Marx begründet und nur den Marxismus gelehrt. Jetzt ginge es stattdessen um die Meinungsvielfalt, um den Pluralismus. Mit ihm müsse man nun die Kinder konfrontieren. Die eigene Parteilichkeit – der „Klassenstandpunkt“ – wäre nun eine Sache von gestern. Es ginge jetzt um Objektivität. Ist das so: Schule als Gemischtwarenladen für alles und jedes, der Lehrer als neutraler Verkäufer aller möglicher Wahrheiten? Kann so Schule, gleich gar Religionsunterricht oder Christenlehre erfolgen?

Mit diesen Fragen im Hintergrund hören wir noch einmal auf unsere Verse aus dem Matthäusevangelium (nochmaliges Lesen des Textes).

Die beiden stehen dafür, dass Christen sich nicht allem gegenüber in neutraler Objektivität verhalten müssen, sondern dass Entschiedenheit, Begeisterung, Leidenschaft durchaus zu ihrem

Wesen gehört. Sie sind fasziniert vom Reich Gottes. Sie suchen nach den Spuren des Reiches Gottes schon hier in dieser Welt und hoffen, dass es stärker ist als der Tod. Sie glauben, dass das Christentum nicht nur ein historisches Faktum ist, sondern dass der Jesusbotschaft die Zukunft gehört. Kein Wunder, wenn manchmal Leute über sie ein wenig den Kopf schütteln.

Ich glaube, die beiden stehen auch für das, was christliche Pädagoginnen und Pädagogen in ihrem Wesen ausmacht: fasziniert sein vom Reich Gottes, engagiert sein für die Sache des Glaubens, nicht allem gegenüber in neutraler Distanz bleiben müssen. Gerade so zu Personen werden zu können, die Kinder und Jugendliche als Gesprächspartner dringend brauchen.

Der Religionspädagoge Fulbert Steffensky hat einmal von einem ganz besonderen Lehrer erzählt: „Ich hatte einen Lehrer, der Hölderlin liebte. Er lehrte uns natürlich, dessen Gedichte zu analysieren und diskursiv zu verstehen. Aber manchmal hatte er das, was wir ‚seine Tage' nannten. Er sprach uns eines seiner Lieblingsgedichte vor. Er schrieb es Zeile für Zeile an die Tafel. Wir lernten es Zeile für Zeile auswendig. Er verlockte uns dazu, die Lippen zu bewegen, wenn wir es abschrieben. Er summte uns die Skandierungen auf einem Vokal vor. Wir verließen das Unterrichtsgebäude, gingen an einen Fluss und sprachen das Gedicht im Chor. Mit solchen Stunden, und sie waren zum Schrecken der Schulleitung nicht selten, verband dieser Lehrer überhaupt keine Absicht. Sie waren nichts anderes als das öffentliche Eingeständnis seiner Liebe zu Hölderlin. Zu evaluieren und Erfolg zu kontrollieren gab es nach solchen Stunden nicht viel. Und doch war er bei seinen verrückten und absichtslosen Stunden Lehrer, wie man es nur sein kann: Er hat uns gelehrt, dass ein Mensch eine Sache oder eine Idee lieben kann; dass er nicht allem gegenüber in ironischer Distanz und zynischer Gleichgültigkeit zu bleiben braucht."[2]

Ich denke bei diesem Bericht an zwei Lehrer aus meiner Schulzeit: Zunächst fällt mir ein Kunstmaler mit langem Schal und ausgebeulten Cordhosen ein. Er musste in meinem 5. Schuljahr im Zeichenunterricht einspringen, wohl weil kein regulärer Lehrer vorhanden war. Wir haben bei ihm sicher kaum etwas gelernt, was vom Lehrplan her hätte drankommen müssen, aber er hat fast die gesamte Klasse für das Malen begeistert. Wir kauften uns von unserem knappen Taschengeld Künstler-Ölfarben und malten in jeder freien Minute. Und ich denke an einen Deutschlehrer, der Goethe über alles liebte, und den wir erfolgreich von Leistungskontrollen abbringen konnten, indem wir schnell eine „Goethefeier" inszenierten. Sie waren Lehrer, gewiss mit Fehlern und Schwachstellen, aber sie haben uns gelehrt, dass es sich lohnt, für den einen Schatz im Acker alles zu verkaufen und ein ganzes Vermögen für die eine Perle auszugeben.

So ähnlich sehe ich das, was wir als Religionslehrerinnen und Religionslehrer oder als Gemeindepädagoginnen und Gemeindepädagogen tun können und tun sollen:

- In einer pluralistischen Welt, in einer Welt des tausendfachen Angebotes, etwas von unserer Lebenseinstellung zu zeigen und dafür zu werben – mit guten Argumenten, im Respekt vor dem Standpunkt der Kinder und Jugendlichen, der ganz anders sein kann und ganz anders bleiben darf.
- Die Heranwachsenden etwas von der Freude spüren zu lassen, die wir aus dem Glauben heraus empfinden können.

[2] Fulbert Steffensky: Feier des Lebens, Stuttgart 1984, 98.

- Ihnen bei aller Offenheit der Diskussion nicht nur einen religiösen Gemischtwarenladen hinzuhalten, sondern ihnen dabei auch unsere Lebenserfahrung und -überzeugung anzubieten.
- Heranwachsende fröhlich einzuladen zum Vertrauen auf Gott in einer riskanten Welt, in der die Zyniker und Skeptiker so viele gute Argumente für ihre Überzeugung finden.
- Es zu ertragen, wenn sie sich vielleicht über unsere Meinung und unsere Art gelegentlich lustig machen, und darauf zu setzen, dass vielleicht mehr hängen bleibt, als wir jetzt sehen und überprüfen können.

Liebe Schwestern und Brüder, verstehen Sie das, was ich Ihnen sagen möchte, nicht als eine zusätzliche Forderung: neben den vielen Themen und Sachinformationen und Medien, neben dem theologischen und pädagogischen Sachverstand auch noch Begeisterung und Gottvertrauen demonstrieren zu sollen. Ich möchte sie eher ermutigen, gelegentlich einmal das zu lassen, was sie alles sollen, und zu dem zu stehen, was Sie für sich selbst in ihrem Glauben längst als wichtig und tragend entdeckt haben und daran auch die Kinder und Jugendlichen teilhaben zu lassen. Ich bin überzeugt davon, dass jede und jeder von uns seine Perle, seinen Schatz kennt und liebt, auch wenn die Schätze und Perlen ziemlich unterschiedlich sein mögen. Ich möchte ihnen keinen Druck machen, sondern eher Lust, ein Stück von Ihrem Gesicht, von Ihrem Herzen, von ihren innersten Hoffnungen zu zeigen, wenn sie mit den Heranwachsenden zu tun haben. Das tut uns gut. Das hilft dem Reich Gottes in der Welt. Und das ist für die jungen Menschen wichtig, die Hoffnung brauchen für morgen und übermorgen.

Gott gebe uns, Gott gebe Ihnen dazu seinen Heiligen Geist.

Amen

Der Tod wirkt wie einer von gestern.

Predigt über 1. Kor 15,19-28 zu Ostern 2002 im Universitätsgottesdienst in der Nikolaikirche Leipzig

Liebe Gemeinde,
der Schriftsteller Raoul Schrott hat einmal in einem Interview den Tod „die Konstante des Lebens" genannt und damit begründet, dass die meisten seiner Bücher den Tod zum Mittelpunkt machen. Was ist eigentlich schwerer vorstellbar: der Tod der Menschen, die wir lieben, der eigene Tod, der Tod, das Ende unserer ganzen wunderbaren und schrecklichen Welt – oder die Auferstehung der Toten, ein Leben in Gott, Gott alles in allem?

Vielleicht denken Sie: natürlich der Tod. Der ist vorstellbar, denn den erleben wir doch täglich: den Tod eines Menschen, den wir kennen; den massenhaften Tod in Kriegs- und Elendsgebieten; den Tod, der wieder ein Jahr näher auf uns selbst zugekommen ist ...
Aber können wir uns das vorstellen, dass da von allen, die da sterben und gestorben sind, nichts mehr bleiben soll, dass alles einfach weg ist, ins große dunkle Nichts entsorgt? Können wir das begreifen, dass dieser Tod auch über junge und unschuldige Menschen kommt, die sich noch gar nicht entfalten und die noch gar nicht das Leben auskosten konnten? Geht es in unser Gefühl und in unseren Verstand, dass von allem Schönen unserer Welt und von allem klug Entwickelten am Ende einmal gar nichts bleiben soll?

Auch der Tod ist schwer vorstellbar und begreifbar, finde ich. Und gleich gar dann, wenn er zum Fluchtpunkt des Lebens überhaupt wird, wenn er zum Mittelpunkt wird.

Ein Mann im mittleren Alter kommt zum Beerdigungsgespräch zur Pfarrerin. Seine Mutter ist gestorben. Nun muss alles besprochen und geregelt werden, was zu besprechen und zu regeln ist. „Ich kann das nicht glauben, das mit der Totenauferstehung", sagt er an einer Stelle des Gesprächs, als die Ordnung der Trauerfeier bedacht wird. „Aber sagen Sie es bitte trotzdem", fügt er hinzu.

Die Auferstehung Jesu und die Auferstehung der Toten. Viele können das nicht glauben. Schon einige von denen konnten es nicht glauben, die sich zur Gemeinde in Korinth hielten und die dennoch Mühe hatten mit der Osterbotschaft. An sie wendet sich der Apostel Paulus mit all seiner Leidenschaft und mit all seiner Argumentationskunst. Die Auferstehung Jesu – das halten sie noch für denkbar. Aber die Auferstehung der Toten – das scheint ihnen nicht vorstellbar. Das möchten sie herausnehmen aus ihrem Glaubensbekenntnis. Aber Paulus argumentiert: „Gibt es keine Auferstehung der Toten, dann ist auch Christus nicht auferstanden. Ist aber Christus nicht auferstanden, dann ist alles vergeblich – unser Glaube, unsere Predigt ... Hoffen wir allein in diesem Leben auf Christus, so sind wir die elendesten unter allen Menschen."

Dennoch spricht der Mann in dem Trauergespräch aus, was viele denken: „Ich kann das nicht glauben, das mit der Totenauferstehung." Zu viel spricht dagegen:

- unsere rationale Art der Welterklärung,
- die Verdächtigungen der großen Religionskritiker, man würde so nur vom realen Elend abgelenkt und auf den Himmel vertröstet,

- der Eindruck, dass nicht Gott und das Leben der Fluchtpunkt der Perspektive ist, die wir tagtäglich spüren, sondern Gewalt, Unterdrückung, Elend und Tod. Afghanistan und Israel sind dafür die gegenwärtigen Signale.

„Ich kann das nicht glauben, das mit der Totenauferstehung", sagt der Mann. Er spricht aus, was viele denken und was wir wohl auch manchmal sagen würden.

Liebe Gemeinde! Die Osterbotschaft, die Paulus dagegen setzt, lässt sich mit fünf Worten zusammenfassen: „Nun aber ist Christus auferstanden." „Nun aber" – das klingt wie „Dennoch": Es mag sein, dass Menschen der Tod mehr einleuchtet als das Leben. Es mag sein, dass Christen das mit der Auferstehung Jesu und das mit der Auferstehung der Toten herauskatapultieren möchten aus ihrem Glaubensbekenntnis. Es mag sein, dass die Masse lacht und einem den Vogel zeigt, wenn man von Auferstehung redet. „Nun aber ist Christus auferstanden." Paulus hält sein Wissen, seine Überzeugung dagegen. „Nun aber ist Christus auferstanden von den Toten als Erstling unter denen, die entschlafen sind."

Wir haben überhaupt nichts in der Hand, mit dem wir das Osterereignis wirklich belegen und mit dem wir die Totenauferweckung am Ende der Tage beweisen könnten. Wir haben vielleicht Hinweise aus der Natur, wie gewaltig Gottes Schöpferkraft war und ist. Wir haben sicher eigene Erfahrungen mit eigenen „kleinen Auferstehungen" gesammelt: wie aus der Mutlosigkeit neue Hoffnung wurde, wie die Krankheit wich und neue Kraft zuwuchs. Vielleicht nehmen wir auch die Ausbreitung des Evangeliums und die Entstehung der weltweiten Kirche als Hinweis auf den Auferstandenen. Aber das alles sind keine wirklichen Beweise. Sie leuchten letztlich nur subjektiv ein. Wir haben am Ende doch nur – das Wort der Apostel, in dem ihre Ostererfahrung und ihre Überzeugung verschlüsselt ist: die Berichte in den Evangelien, die Argumente des Paulus: „Nun aber ist Christus auferstanden ..."

Nur Worte. Das ist wenig. Worte sind oft wie Schall und Rauch, sagen wir. Und dennoch gibt es Lebenssituationen, in denen solche Worte eine Kraft gewinnen können wie nichts anderes sonst:

Ich denke an den Tod eines 19-Jährigen. Es war nachts geschehen. Er hatte vergessen, sich anzuschnallen in seinem gebrauchten BMW. Und in einer Kurve war er an einen Baum gerast. Der Tod kam schnell.

Bei der Beerdigung kamen seine Freunde. Es waren 40 oder 50 Jugendliche. Viele waren noch nie in einer Kirche gewesen, und für die meisten war das Vaterunser ein völlig fremder Text. Auferstehung Jesu, Auferstehung der Toten – das war für sie eine völlig exotische Vorstellung. Aber wovon sollte der Pfarrer denn sonst sprechen, um zu trösten: von der Erfüllung eines so kurzen Lebens vielleicht, davon, dass sich die Freundin doch an die schönen Monate erinnern soll? Der Pfarrer hatte eigentlich nichts zu sagen, was uns sonst menschlich einfällt, um uns in Trauer zu trösten: der Tote sei nun von seinem Leiden erlöst, er hätte doch ein erfülltes Leben gehabt usw. Nein, hier stand der Pfarrer mit dem Rücken an der Wand. Die menschlich-üblichen Worte gaben nichts mehr her. Sie waren hier in der Tat nur Schall und Rauch.

Aber ich habe es noch in der Erinnerung, wie der Pfarrer gerade in dieser Situation, wo alle menschlichen Worte ausgedient hatten, diese alten biblischen apostolischen Worte sprach: „Hoffen wir allein in diesem Leben auf Jesus Christus, so sind wir die elendesten unter allen Menschen. Nun aber ist Christus auferstanden von den Toten als Erster unter denen, die entschlafen sind." Das war das Aber des Lebens, das Aber Gottes in die Situation des dummen und unsinnigen Todes hinein. Ich weiß nicht, ob die jungen Leute den Pfarrer verstanden haben. Aber dass seine Worte sie tief berührt haben, davon bin ich überzeugt. Das habe ich gespürt.

Gott sei Dank gab es und gibt es ein solches Aber. Gott sei Dank gibt es Worte, die größer sind als unsere Vorstellungskraft, Worte, die weiter reichen als unsere Erfahrungen. Gott sei Dank gibt es Worte, in denen Gott selber zu Wort kommt und ganz ungewohnte, ungeahnte Perspektiven eröffnet.

„Nun aber ist Christus auferstanden von den Toten als Erstling unter denen, die entschlafen sind." Liebe Gemeinde, Paulus erinnert an das, was zu Ostern geschehen ist und was so unglaublich ist, dass Menschen Mühe haben, es zu fassen. Aber er weiß, es ist geschehen. Er hat ihn ja selbst erfahren, den Auferstandenen, damals vor Damaskus. Er, Jesus, der, den er verfolgte, ist ihm ja in die Quere gekommen und hat ihn aus einem Verfolger zum Bekenner und Apostel gemacht. Er weiß: Es ist geschehen. Und damit ist eine ganz andere Perspektive in sein eigenes Leben und in das Leben dieser Welt gekommen.

Das Osterereignis löst so etwas wie eine Kettenreaktion aus. Ostern ist nicht nur ein besonderer Fluchtpunkt in der Vergangenheit, sondern dieses Ereignis ändert die Gegenwart und Zukunft. Paulus sieht das vor sich, wie Schritt um Schritt die Entmachtung des Todes passiert: zuerst Christus, der neue Adam des Lebens, dann die Verstorbenen, die Christus angehören, dann die Vernichtung des Todes, die Übergabe des Reiches Gottes an Gott, den Vater. Dann wird alles Gott untertan sein, zuletzt auch der Sohn, „damit Gott sei alles in allem".

Wir verstehen: Es geht hier nicht um einen genauen apokalyptischen Heilsfahrplan. Es ist ein grandioses Bild, das Paulus entfaltet: wie in einer Kettenreaktion die schrittweise Entmachtung des Todes passiert und Gott endlich sei „alles in allem".

Lassen wir uns von Paulus in diese Perspektive des Lebens hineinrufen. „Nun aber ist Christus auferstanden." Es ist geschehen. Damit ist die unendlich scheinende Macht des Todes gebrochen. Noch immer entfaltet er seine großen Paraden: mit den Straßentoten und den Krebstoten, mit den Kriegstoten und den Erdbebenopfern, mit den Hungertoten und den AIDS-Toten – sie alle belegen seine fürchterliche Macht. Und dennoch ist Ostern schon geschehen. Dem Tod gehört noch die Zeit, aber nicht mehr die Ewigkeit.

Es geht nicht nur um die Perspektive am Ende unserer Tage, am Ende unserer Welt, die sich damit verändert. Sondern es ändert sich schon jetzt die Perspektive der Gegenwart. Es ist wie im Märchen von des Kaisers neuen Kleidern. Der Tod zieht wie der Kaiser mit all seiner Macht durch die Straßen den Lebens. Aber wer von Ostern weiß, sieht, dass seine Macht schon gebrochen ist. Wer mit dem Auferstandenen rechnet, sieht, dass der Tod schon seine prächtigen Kleider und Orden verloren hat. Dass er schon nackt durch die Straßen läuft. Dass er schon wirkt wie einer von gestern, der die Zukunft verloren hat.

Wer von Ostern weiß, der kann leichter sterben. Wir sterben nicht mehr ins Nichts, von Gott weg. Sondern wir sterben nun in Gott, in das Leben hinein.

Wer von Ostern weiß, der weiß schon jetzt, wo er hingehört:

- auf die Seite des Lebens,
- auf die Seite derer, die trösten und Mut machen, die Leben organisieren und Wunden verbinden,
- auf die Seite derer, die sich den Todesumzügen in den Weg stellen,
- auf die Seite des Kindes, das die Wahrheit sagt und das in die Todeswelt hineinruft: „Der hat ja gar nichts an." Will heißen: „Der ist nicht unbesiegbar. Der ist doch von gestern."

Wir wollen uns durch Paulus einladen lassen in die schwer fassliche und dennoch wahre österliche Perspektive: In der Welt, in der scheinbar nichts konstanter und verlässlicher ist als der Tod, nicht an den Tod zu glauben, sondern an das Leben. Und inmitten der Erfahrungen von der Macht des Todes schon hindurchzusehen auf den Gott, der einst sein wird „alles in allem".

Amen

Neu anfangen können.

Predigt über Röm 6,19-23 am 8. Sonntag nach Trinitatis 2002 im Universitätsgottesdienst in der Nikolaikirche Leipzig

Liebe Gemeinde,
Neuanfang. Aller Anfang ist schwer. Wie viel mehr ein Neuanfang.

Da hat einer die Arbeitsstelle gewechselt. Leicht war es nicht, wieder eine ähnliche Tätigkeit in neuer Umgebung zu finden. Wer nimmt einen schon noch, wenn man knapp 50 ist? Aber es hat geklappt. Und er ist seinen alten Chef los und die Kollegen, die ihm oft so auf den Geist gingen. Ein Gefühl der Befreiung. Aber es dauert nur ein paar Wochen, und auch in der neuen Stelle gibt es die ersten Konflikte. Die Kollegen haben andere Namen und andere Gesichter. Aber irgendwie ist es manchmal bald wieder so wie früher. Der den Neuanfang wollte, merkt, wie der alte Hass, wie die alte Abwehr in ihm hochsteigen.

Neuanfang. Ein Ehepaar hat sich entschlossen, zu einer Eheberatung zu gehen. Den ständigen gegenseitigen Vorwürfen wollen sie ein Ende machen. Sie wollen ihnen und ihrer Unzufriedenheit auf den Grund gehen. Gemeinsam, unter fachkundiger Anleitung, entdecken sie manches. Sie nehmen sich vor, ihre Zeit besser zu planen. Sie wollen Zeit freihalten für die Familie und für sich als Paar. Sie wollen dem Dauerstress entkommen. Sie nehmen sich viel vor. Aber es gelingt ihnen kaum. Nach wenigen Wochen ist alles wieder beim Alten.

Neuanfang. Wie oft mag es sein, dass sich Menschen vornehmen, einen Neuanfang zu machen und alles besser zu machen? Und wie oft wird aus dem Vorsatz nichts, weil wir die sind, die wir sind? Wie oft haben wir selbst es uns vorgenommen, einen Schnitt zu machen und von einem bestimmten Zeitpunkt an besser, vielleicht partnerorientierter und liebevoller, vielleicht gesünder oder konzentrierter zu leben? Und wie oft sind wir damit gescheitert? Wie oft hat uns das Alte fest im Griff?

Neuanfang – auch im Glauben? Von Umkehr und Bekehrung reden viele.

- Auch die Bibel ist voller Geschichten der Umkehr. „Kehrt um und glaubt an das Evangelium", sagt Jesus, als er in Galiläa als Prediger hervortritt. „Kehrt um und folgt mir nach", so wirbt er seine Jünger. Bekehrung?
- Paulus, der Verfasser des Römerbriefs, wusste offensichtlich, was das war, als er vom Christenverfolger zum Apostel, als er vom Saulus zum Paulus wurde.
- Vielleicht kennen Sie auch einzelne Christen aus Ihrer Umgebung, die von sich behaupten, sie seien „bekehrt", sie hätten ganz neu mit dem Glauben, mit Jesus angefangen. Und sie fordern uns auf, dass wir uns doch endlich auch „ganz neu" für den Glauben entscheiden.

Wäre das nicht eine verlockende Perspektive: Endlich einmal alle Zweifel, alle Unsicherheiten, alle falsche Rücksichtnahme auf den und die beenden, und im Glauben ganz neu anfangen. „Ist jemand in Christus, so ist er eine neue Kreatur", schreibt Paulus. „Siehe, es ist alles neu geworden".

Alles neu? Wenn man sich die, die sich als „bekehrt" bezeichnen, genauer ansieht, dann entdeckt man an ihnen viel Altes. Und manchmal wirkt ihre totale Erlöstheit, die sie beteuern, wie eine Ideologie. Hat nicht auch Paulus sehr mit seiner alten Existenz gekämpft – mit seiner

Krankheit zum Beispiel, die er als „Pfahl im Fleisch" bezeichnet hat? Kann man denn durch einen plötzlichen Entschluss, z.B. auf einer Evangelisation, so schnell seine Identität, seine eingefahrenen Gewohnheiten, seine Sichtweisen, seine kaputten Beziehungen, seine alte Schuld loswerden, von heute auf morgen? Vielleicht haben Sie das auch schon manchmal versucht, und Sie sind damit gescheitert. Neuanfänge sind schwer, vielleicht sogar unmöglich, auch solche im Glauben. Je älter man wird, desto mehr weiß man das, desto öfter hat man das erfahren.

Neuanfang. Unser Bibelabschnitt ist allerdings einer von denen, die irgendwie unverdrossen zu behaupten scheinen, dass ein Neuanfang möglich ist. Das ganze 6. Kapitel des Römerbriefs steht in der Lutherbibel unter der Überschrift „Taufe und neues Leben". Und gerade in den Versen, die als Predigttext ausgewählt sind, werden zwei Wege nebeneinander gestellt: der eine der Vergangenheit – eine Zeit des „Dienstes der Unreinheit und Ungerechtigkeit", wie Paulus formuliert, und der andere der Gegenwart und Zukunft – eine Zeit des „Dienstes der Gerechtigkeit", so wieder Paulus. Einst und jetzt, damals und heute – getrennt wie schwarz und weiß. Einst – dem Unrecht zu Diensten, jetzt – der Gerechtigkeit hingegeben. Einst Knechte der Sünde, jetzt Gottes Knechte. Wer soll solche Schwarz-Weiß-Malerei glauben?
Wie kann der im Leben und im Glauben so erfahrene Paulus so scheinbar naiv reden?

Ein Neuanfang. In der Tat ist von ihm in unserem Text die Rede. Paulus schreibt an Menschen in Rom, die sich entschlossen hatten, Christus zu vertrauen und sich taufen zu lassen. Ihre Taufe liegt inzwischen schon eine Zeit zurück. Sie hat ihnen viel mehr abverlangt als vielen von uns unsere eigene Taufe. Sie war verbunden mit einer Absage an die alte Religion. Für viele bedeutete ihr Ja zu Christus auch eine Loslösung von früheren Beziehungen in der Familie und im Freundeskreis. Sie hatten einen erkennbaren Neuanfang gemacht. Und dennoch streckte das Alte immer wieder seine Hand nach ihnen aus. Und genau deswegen schreibt Paulus über das Alte und das Neue.

„Ich muss menschlich davon reden um der Schwachheit eures Fleisches willen", so beginnt unser Abschnitt, und es ist wichtig, dass er so beginnt. Die Erfahrung der neu Getauften in Rom ist es ebenso wie die des Paulus, dass auch die, die im Glauben einen Neuanfang gemacht haben, „in der Schwachheit des Fleisches" leben: dass sie geprägt sind von den alten Leidenschaften, den anderen Menschen übertrumpfen zu wollen, vom Verlangen, sich das größte Stück Kuchen zu sichern, von der panischen Angst um sich selbst. Welchen Sinn aber haben dann die Schwarz-Weiß-Sätze des Paulus? Was meint er dann, wenn er schreibt, sie, die zum Glauben Gekommenen und Getauften, seien „von der Sünde frei und Gottes Knechte geworden"? Ist das nicht ein Widerspruch?

Was wie ein Widerspruch erscheint, gehört zum Kern der christlichen Grundüberzeugungen. Es geht um die Veränderbarkeit des Menschen. Und es geht um seine Identität. Es geht darum, wer er ist, wer du bist und wer ich bin – von uns aus gesehen und von Gott aus gesehen.

Um es auf eine kurze Formel zu bringen: Paulus rechnet mit einer doppelten Identität des Christenmenschen. Die eine wird bestimmt von unseren Sehnsüchten und Leidenschaften, von unseren guten und schlechten Erfahrungen, von unseren Begabungen und unserer Biographie, von unserem Aussehen und unserem Geschlecht, von unserem Alter und unserem Schicksal. Das ist die eine Identität, die Paulus die des „Fleisches" nennt. Diese Identität hat jeder Mensch, ob er Christ ist oder nicht. Und die kriegt man auch nicht einfach los, sondern die hat man und die wächst mit uns im Laufe eines Lebens. Und deswegen sind Neuanfänge aller Art so schwer, weil wir uns selbst mit unserer Identität nicht loskriegen.

Und die andere Identität ist die, die wir als Christen empfangen haben und immer neu empfangen. Es ist die Identität des Christus in uns. Durch die Taufe ist sie uns zugeeignet worden. Und sie wird uns immer wieder neu zugesprochen: durch einen Bibelspruch, der uns innerlich erreicht, durch eine Predigt, durch einen anderen Menschen, durch eine Bach-Arie ... Es ist eine Identität, die wir nicht einfach besitzen, sondern die wir immer neu als Zuspruch brauchen, damit sie in uns Wurzeln schlägt und Früchte bringt. So, als Zuspruch, sind jedenfalls die Schwarz-Weiß-Sätze hier zu verstehen: „deine Glieder – gebraucht im Dienst der Gerechtigkeit", „du – frei von der Sünde, Gottes Knecht", „du – gewonnen für das ewige Leben in Christus Jesus, unserem Herrn". Und so, als Zuspruch, ist das halbe Neue Testament gemeint, wenn es von dem redet, was wir in Christus schon jetzt sind. Als Zuspruch, vielleicht einer Art Liebeserklärung Gottes vergleichbar, ist es gemeint, wenn wir lesen: „Ist jemand in Christus, so ist er eine neue Kreatur". Das heißt: „In meinen, Gottes, Augen bist du schon ganz neu. Da bist du schon wie Christus. Da hast du zu deiner alten Identität schon eine neue, die des Herrn Christus."

Liebeserklärungen können enorm viel auslösen. Manchmal merkt man das, wenn sie ein Leben lang ausbleiben. An dem bösen Schimpfwort von der missgünstigen „alten Jungfer" ist ja leider etwas Wahres dran. Wer ein Leben lang nie geliebt wurde, wird oft neidisch und verbittert. Das gilt freilich nicht nur für ungeliebte Frauen, sondern ebenfalls für Männer. Und man merkt es, wenn das Gegenteil geschieht: Liebeserklärungen können zu einer unglaublichen Schubkraft an Energie führen. Wir spüren es manchmal an einem jungen Menschen. Vielleicht haben wir uns als Mutter oder Vater oft über unseren jugendlichen Sohn geärgert. Diese Gleichgültigkeit! Diese unendliche Trägheit, die freien Vormittage bis in den Mittag hinein zu verschlafen! Und eines Tages verliebt er sich. Eines Tages erlebt er, dass ein junges Mädchen ihn liebt und ihm das deutlich zu verstehen gibt mit ihren Worten und mit den vielen wunderbaren Zeichen aus der Zeichensprache der Liebe. Eines Tages erlebt er, dass Worte der Liebe in ihm Energien freisetzen, dass sie ihn verwandeln. Und plötzlich ist die Trägheit wie weggeblasen.

So ist das mit der Christus-Identität in uns. Sie hat Einzug gehalten in uns – mit dem Glauben und mit der Taufe. In uns Menschen, die wir zugleich von der „Identität des Fleisches" geprägt bleiben. Dennoch hat sie Einzug gehalten irgendwann und irgendwie. Und sie wird weiter Einfluss gewinnen, wenn die zusprechenden Liebeserklärungen Gottes uns erreichen: „du bist schon frei von der Sünde", „du gehörst schon zur neuen Schöpfung". Wenn uns solche Sätze zugesprochen werden, dann bleiben sie nicht ohne Wirkung. Dann wollen sie sich ausbreiten. Dann wollen sie real werden und etwas bewirken, das bleibt. Dann können sie Früchte tragen. Das ist das Anliegen unseres Textes mit seinen Schwarz-Weiß-Sätzen, aus der neuen, aus der Christus-Identität Energie zu schöpfen. Denn durch sie kann Neues gelingen – inmitten des Alten. Durch sie kann sich das Ewige ausbreiten schon mitten im Vergänglichen: „Denn der Sünde Sold ist der Tod; die Gabe Gottes aber ist das ewige Leben in Christus Jesus, unserem Herrn."

Neu anfangen. Die verschiedenen Texte dieses Sonntags wollen uns dazu einladen, das Neue, das Christusgemäße, das Göttliche, das Selige, das Ewige, das, was wirklich Bestand hat, in unser Leben zu lassen. Neulich lernte ich eine alte Frau im Zug kennen. Sie war verbittert im Blick auf die Politik und auf die Weltsituation überhaupt. „Das hat alles keine Zukunft mehr. Das geht zu Ende", sagte sie. Ich versuchte, sie auf die Hoffnung hinzuweisen, die aus dem Glauben kommt. „Das ist doch nur Opium", erklärte sie. Schade, dachte ich. Sie ist noch immer bei Marx und Lenin. Ob sie nie Menschen erlebt hat, die aus der Energie des Glaubens heraus am Neuen anfangen zu bauen inmitten des Alten? Ob sie nie Menschen erlebt hat, reale Menschen mit ihrem Schicksal und ihrer Prägung – und doch erreicht und beseelt vom Christusgeist?

Wie ist das mit uns: Ob Menschen an uns etwas spüren können von der Kraft der Christus-Identität in uns? Ich wünsche es Ihnen, ich wünsche es mir, dass Gott immer wieder mit uns das Neue anfängt, das, was Bestand hat in Zeit und Ewigkeit.

Amen

Vertrauen, dass noch etwas kommt.

Predigt über 2. Petr 3,3f.8-13 am Ewigkeitssonntag 2002 im Universitätsgottesdienst in der Nikolaikirche Leipzig

Liebe Gemeinde,
wieder einmal Totensonntag[3]: Tag der Erinnerung an das Ende von allem, an den Tod. Einzelne von uns denken an das plötzliche Sterben eines lieben Menschen in der zurückliegenden Zeit. Schnell und plötzlich hat der Tod zugeschlagen. Vielleicht herrscht noch immer Ratlosigkeit, vielleicht sind die Zurückgebliebenen noch wie gelähmt.

Mir ist ein solcher plötzlicher Abschied lange Jahre erspart geblieben. Aber ich erlebe die Macht des Todes in anderer Weise. Vielleicht geht es manchen von Ihnen ähnlich. Ich habe die alt gewordenen Eltern und Schwiegereltern vor Augen und sehe, wie der Tod langsam, aber ständig näher kommt. Wie es ihnen schwerer fällt, ein paar Schritte zu gehen. Wie Handgriffe auf einmal zum Problem werden, die man früher ganz automatisch erledigte. Wie die einfachsten körperlichen Funktionen auf einmal zur schweren Aufgabe werden.

Totensonntag 2002. Ich denke nicht nur an Abschiedssituationen von einem lieben Menschen oder an das schrittweise Vorrücken des Todes. Mir steht auch die Macht des alten und wieder neuen Todesdenkens vor Augen: Wie einflussreiche Menschen den Tod anderer politisch einkalkulieren. Wie neuerdings die Drohung mit Massentod durch Terror und wie die Drohung mit Kriegstod als Gegengewalt scheinbar normal geworden sind. Wie viele Menschen scheinbar machtlos zusehen, was da geschieht.

Totensonntag. Ein Tag des Gedenkens und der Trauer. Ein Tag, sich zu erinnern, wer hier offensichtlich die Macht hat im Leben und wem viele Menschen Macht geben. Ein Tag, sich der eigenen Begrenztheiten bewusst zu werden und sich der eigenen Mutlosigkeit und des Verzagens nicht zu schämen.

Der Text aus dem 2. Petrusbrief, der heute als Grundlage für die Predigt dient, ist an Menschen geschrieben, die wohl ähnlich empfunden haben müssen wie wir. An Christen, die dabei waren, den Mut zu verlieren und zu verzagen. Klein waren die Gemeinden damals, in denen sie zu Hause waren, umgeben von einer mächtigen anders glaubenden und anders denkenden Umwelt. Und was ihnen zusätzlich zu schaffen machte, das waren Leute, die ihren Spott mit ihnen trieben – mit ihrer angeblich nicht tot zu kriegenden Hoffnung auf Christus. „Wo bleibt er denn, der Christus, an den ihr glaubt?“, sagten sie. „Wo bleibt denn die Verheißung seines Kommens? Die Alten, die zuerst an ihn geglaubt haben, sind gestorben. Die nächste Generation auch. Wo bleibt er denn? Es ändert sich doch gar nichts. Es bleibt doch alles beim Alten!“

Was ihnen zusetzte, waren wohl nicht nur solche Stimmen von außen, sondern vermutlich mehr und mehr auch ähnliche Fragen in ihrem eigenen Herzen. „Wo bleibt denn Christus? Es bleibt doch alles beim Alten. Was nützt denn alle Hoffnung – die auf uns selbst und die auf Gott? Ist nicht am Ende doch alles umsonst?“

---

[3] Im Gottesdienst wurden die Namen der im letzten Jahr verstorbenen Angehörigen der Universität Leipzig verlesen.

Ein Text für Mutlose also, für Verzagte. Was hat er ihnen, was hat er uns zu sagen? Worauf will er hinaus? Es sind *zwei verschiedene Bildschichten*, gemalt in sehr unterschiedlichen Farben, die hier miteinander verflochten sind und die ich ein Stück voneinander abheben möchte, um sie genau wahrzunehmen.

Die eine, die *erste Bildschicht*, gemalt in den extremen grellen Farben, hat mit Zerstörung, Vernichtung, mit Schrecken und Gericht zu tun – aber auch mit der Mahnung zu Buße und Geduld. „Es wird aber der Tag des Herrn kommen wie ein Dieb; dann werden die Himmel zergehen mit großem Krachen; die Elemente aber werden vor Hitze schmelzen, und die Erde und die Werke, die darauf sind, werden ihr Urteil finden."

Es ist die Sprache der urchristlichen Apokalyptik, die hier gesprochen wird. Kein Wunder, wenn uns deren Verwandtschaft zu den modernen Horror- und Katastrophenfilmen auffällt. Gut verständlich, wenn wir uns dabei an den 11. September 2001 – also an die apokalyptische Gegenwart – erinnern und an die vor Hitze geschmolzenen Stahlgerüste der Riesentürme in New York und an die vielen hundert Menschen, die den Flammen zum Opfer fielen.

Warum sprechen biblische Texte eine solche Sprache? Weil das damals eine bekannte Art von Sprache war? Weil sich in solchen Texten vom Gericht über die Welt die kleinen, an den Rand gedrängten Gruppen ausdrückten – solche inner- und außerhalb des Christentums? Und weil sie so ihre Hoffnung formulierten, den Großen und Mächtigen zum Trotz? Weil sie hofften, dass die, die jetzt die Macht hatten, eines Tages vor dem Gericht Gottes stehen würden? Weil sie hofften, dass es denen, die jetzt spotteten, bald die Sprache verschlagen würde?

Warum sprechen biblische Texte eine solche Sprache? Vielleicht auch, weil diese aggressive Sprache, weil diese grellen Farben dem Seelenzustand von Enttäuschten, von Niedergeschlagenen, von Mutlosen überhaupt entspricht? Weil so deren Wut, deren negative Gefühle, deren Verzweiflung nicht länger unterdrückt bleiben müssen, sondern Form und Gestalt annehmen dürfen? Und vielleicht auch, weil sich von diesem Hintergrund her die Gemeinde wirkungsvoll mahnen lässt: „Der Herr hat Geduld mit euch und will nicht, dass jemand verloren gehe, sondern dass jedermann zur Buße finde."

Es gibt offensichtlich viele Gründe, apokalyptisch zu reden, apokalyptisch zu hoffen.
Freilich – es ist eine gefährliche Sprache, die hier gesprochen wird. Das Missverständnis liegt nahe, nun selbst Gericht zu halten, nun selbst Brandfackeln zu werfen, nun selbst Angst und Schrecken zu verbreiten. Die Gefahr liegt nahe, dass aus aggressiven Bildern auch aggressive Handlungen werden – wie wir sie von Terroristen kennen oder von brutalen Schlägern oder feigen Mördern.

Unser Text spricht diese gefährliche aggressive Sprache: „... dann werden die Himmel zergehen mit großem Krachen; die Elemente werden vor Hitze schmelzen." Aber er nimmt alles Richten völlig aus der Hand der Menschen und legt es ganz in die Hand Gottes. Das Gericht ist gerade nicht der Menschen, sondern Gottes Sache. Weil Gott richtet, müssen wir Menschen nicht richten. Weil Gottes Gericht kommen wird wie ein Dieb in der Nacht, deswegen können wir jetzt alle aggressiven und destruktiven Pläne und Fantasien gegen uns und gegen andere beiseite legen – und auf ihn, auf Gott, warten.

Ob uns diese Seite der Apokalyptik einleuchtet? Freilich: Es bleibt dann immer noch eine tiefe Kluft zwischen diesen Gerichtsgemälden und dem, was wir von Jesus wissen; eine tiefe Kluft zwischen einem Gott, der sich am Kreuz für alle Menschen hingegeben und selbst aufgeopfert hat und einem Gott, der so zerstörerisch Gericht hält. Vielleicht geht es Ihnen wie mir: Die aggressiven Farben der Apokalyptik leuchten mir ein, und sie leuchten mir zugleich nicht ein, weil sie mit der Art Jesu so wenig übereinkommen. Es bleiben viele Fragen zu dieser besonderen Sprache der Hoffnung.

Aber diese Fragen sind dann zu ertragen, wenn wir nun auch die *zweite Bildschicht* unserer Verse zur Kenntnis nehmen. Es sind ganz andere, lichte und helle Farben, die jetzt hervortreten: „Der Herr will nicht, dass jemand verloren gehe, sondern dass jeder zur Buße finde." Und: „Wir warten aber auf einen neuen Himmel und eine neue Erde nach seiner Verheißung, in denen Gerechtigkeit wohnt."

Darauf läuft der ganze Text eigentlich zu, und darauf kommt es dem Autor unserer Verse wohl vor allem an: in der ablaufenden Zeit nicht die Geduld zu verlieren, nicht nur damit zu rechnen, dass alles beim Alten bleibt oder dass sogar vieles noch schlechter wird, sondern auf Gottes Verheißung zu setzen. Verheißung: Was soll das bedeuten?

Der katholische Religionspädagoge Hubert Halbfas hat eines seiner Bücher unter die Überschrift „Das dritte Auge"[4] gestellt. Die religiöse Sprache sprechen, die biblischen Symbole entziffern kann man nur, so Halbfas, wenn man neben seinen beiden normalen Augen eine Art „drittes Auge" entwickelt. Ohne Bild gesprochen: Wenn man nicht nur das Faktische, was uns alltäglich umgibt, wahrnimmt, sondern wenn man Wesentliches hinter dem Oberflächlichen und Faktischen entdecken lernt.

Vielleicht hilft uns das Bild von Halbfas zu verstehen, was mit „Verheißung" gemeint sein kann. Denn es geht um eine veränderte Wahrnehmungsfähigkeit des Lebens, um eine andere Sicht, um eine Art „drittes Auge" für Enttäuschte und Mutlose; für Leute, die dem plötzlichen Tod ausgesetzt waren oder die zermürbt sind durch ein quälendes Altern und einen langsam, vielleicht zu langsam kommenden Tod. Es geht um ein „drittes Auge" für Menschen, die unter dem Todesdenken und der Todespraxis in der Welt leiden; für Menschen, die mit guten Gründen apokalyptische Szenarien auf unsere Welt zukommen sehen.

Auf Gottes Verheißung setzen, das heißt: Das alles, was ist und was uns zu schaffen macht, nicht zu leugnen, nicht zu verdrängen – aber zugleich auch hindurchzusehen auf das, was letztlich kommt, hindurch zu hoffen auf den, der als letzte Wirklichkeit kommt, hindurch zu blicken „auf einen neuen Himmel und eine neue Erde nach Gottes Verheißung". Auf Gottes Verheißung setzen, d.h. mit dem „dritten Auge" zu sehen, das schon in allem und trotz allem auf die kommende Verheißung blickt: auf einen Gott, der kommen wird; auf Christus, der „abwischen wird alle Tränen von unseren Augen"; auf die neue Welt, „in der der Tod nicht mehr sein wird und kein Leid und kein Geschrei und kein Schmerz mehr sein" wird.

[4] Hubertus Halbfas: Das dritte Auge. Religionsdidaktische Anstöße, Düsseldorf 1987.

Es geht darum, schon jetzt – inmitten von Tod und Todesdenken, umgeben von alledem, was nicht geht, was nicht gelingt, wofür kein Geld da ist und wofür die Kräfte immer nicht reichen – schon Konturen dieser neuen Welt zu entdecken; sich Sätze dieses neuen Himmels und dieser neuen Erde ins Hirn zu schreiben. Es geht darum, Lieder dieser anderen Welt auf den Lippen zu tragen und Farben und Formen dieser Zukunft Gottes in der Seele zu bewahren. Es geht darum, schon jetzt Zeichen dieser neuen Welt zu setzen und schon heute aufzustehen und zu protestieren gegen die verschiedenen Spielarten des Todesglaubens.

Das meint wohl der Autor unseres Textes, wenn er schreibt: „Wir warten auf einen neuen Himmel und eine neue Erde ...“. Es geht nicht um ein träges, passives Abwarten, sondern um eine Erwartung, die unruhig macht, so wie zwei Verliebte aufeinander warten, eine Erwartung, die nicht lassen will von der Hoffnung auf den, der kommen wird – der Todesmacht zum Trotz.

Totensonntag, ein Tag des Gedenkens an den Tod. Es ist gut, dass es einen solchen Tag gibt. Trauer braucht ihre Zeit, auch das Verzagen, die Enttäuschung, die Angst vor dem, was sich unheilvoll und tödlich zusammenbraut.

Aber es ist gut, dass dieser Tag noch einen zweiten Namen hat: Ewigkeitssonntag. Wir müssen an einem solchen Tag der Macht des Todes kein Credo darbringen. Es ist unser Glück, dass wir dem Tod trotz seiner Macht letztlich nicht glauben müssen. Auch an einem solchen Tag dürfen wir hindurchschauen mit dem „dritten Auge“ des Christus-Glaubens auf den, der sein Kommen versprochen hat. Auch angesichts des Todes können wir singen und sagen: „Ich glaube an Gott den Vater, und an Jesus Christus, ... auferstanden von den Toten, er sitzt zur Rechten Gottes des Vaters“. Gerade an einem solchen Tag zählt seine Verheißung, dass er kommen wird und mit ihm „der neue Himmel und die neue Erde …, in denen Gerechtigkeit wohnt.“

Die Schriftstellerin Hannelore Frank hat ihr Credo der Hoffnung einmal in ganz schlichte Worte gefasst. „Hoffnung“ nennt sie ihr Gedicht, das keine apokalyptischen Farben braucht und das dennoch ganz nahe bei unserem Text ist. In ihm heißt es:

„Hoffnung –
das Vertrauen, dass noch etwas kommt,
fast gegen die Vernunft
und sämtliche Erfahrung.

Hoffnung –
das Vertrauen, dass Gott handeln wird
und uns nicht aufgibt,
nicht einmal im Augenblick des Todes.

Wenn es einen Grund gibt,
fröhlich jeden Tag zu leben,
– leichten oder schweren Tag, gleichviel –,
dann diese Hoffnung.
Eine bessere kenne ich nicht.“

Gott schenke uns, Gott schenke allen Verzagten solche Hoffnung. Letztlich brauchen wir nicht mehr, nicht im Leben und nicht im Sterben.

Amen

Ein Vorschein vom Fest ohne Ende.

Predigt über Joh 2,1-12 am 2. Sonntag nach Epiphanias 2003 im Diakonissenhaus Dresden[5]

Liebe Gemeinde,
das Jubiläum, das wir heute feiern, gilt einem kirchlichen Luxusgegenstand: einer prächtigen, schon damals zu DDR-Zeiten teuren und jetzt im Teuro-Zeitalter noch viel kostbarer gewordenen Orgel. Warum leistet sich die Kirche teure Orgeln? Warum lässt sie sie nicht nur erbauen, sondern stellt dazu noch Kantorinnen und Kantoren an? Warum kommen Menschen zusammen – Woche für Woche und manchmal noch zu Sonderterminen – und proben fleißig in einem Kirchenchor, vielleicht aber auch in einer Band der kirchlichen Jugendarbeit oder in einem Ensemble, das nicht Bach oder Schütz, sondern eher Gospelmusik oder Taizégesänge singt? Und warum leistet sich ein Diakonissenhaus, das Kranke zu versorgen und zu betreuen hat, eine Orgel, eine Kirche, einen Kantor, einen Chor? Müsste nicht alle Energie ganz in die gesundheitliche Fürsorge fließen: statt Orgel neueste medizinische Apparate, statt Chorprobe Gespräch am Krankenbett? Warum dieser Luxus an Geld, an Kraft, an Zeit?

Die Erzählung, die uns heute als Predigttext aufgegeben ist, ist auch eine Art Luxusgeschichte. Da ist zwar keine Rede von Orgeln und Kirchenchören, nicht einmal von Musik. Dennoch kann ich mir die geschilderte Szenerie ohne Musik überhaupt nicht vorstellen: eine orientalische Hochzeit, die sieben Tage lang dauern konnte, Inbegriff eines Festes überhaupt. Eine Feier, bei der sich manche für den Rest ihres Lebens verschuldeten. Ich sehe die riesigen Speisetafeln vor mir, die gewaltigen Gefäße voller Wein, die große Festgesellschaft – alle Nachbarn, das ganze Dorf, die ganze Sippe, alle Freunde. Und ich höre im Hintergrund auch die Musik spielen, die Trommeln und Flöten, die Sänger mit ihren Liedern. Ich stelle mir vor, wie die Musik zum Tanz lockt: ein riesiges Fest, wenigstens einmal im Leben Luxus. Und da, mitten drin, Jesus, seine Mutter, die Jünger, mit eingeladen, mit dabei beim Essen und Trinken, beim Singen und Tanzen.

Warum erzählt uns der Evangelist Johannes von dieser Hochzeit im Dorf Kana irgendwo in Galiläa? Zunächst lese ich diese Erzählung als eine schlichte, vielleicht ein wenig naive Geschichte von Jesus inmitten dieser fröhlichen Gesellschaft. Dass er sie erzählt, das hat auf jeden Fall etwas mit Jesus zu tun, mit seiner Haltung dieser Feier und den Menschen gegenüber. Was erzählt er von ihm? Ich vermute: Er erzählt etwas, mit dem er viele Christen späterer Jahrhunderte, alle, die Jesus in irgendein moralisches oder dogmatisches Kästchen einsortieren wollten, immer wieder ratlos oder ärgerlich gemacht haben wird. Ich stelle sie mir vor:

- die strengen Pietisten und Puritaner, für die Jesus stets das große Vorbild in Verzicht und Enthaltsamkeit sollte – vielleicht war auch manche Diakonisse unter ihnen;
- die Rationalisten, für die Jesus nur tun durfte, was vernünftig schien und im Verstand der Menschen Platz hatte – sicher gehörten viele Pfarrer dazu;
- die Liturgiker, die Jesus oft gern in die Agenden und in die liturgischen Formeln eingesperrt hätten – vielleicht waren manche Kirchenmusiker unter ihnen;

[5] In diesem Gottesdienst in der Mutterhauskirche wurde das Jubiläum der Orgel festlich begangen. Das Dresdner Diakonissenhaus hat einen eigenen A-Kantor angestellt und verfügt über einen guten Chor.

- die Mystiker, denen sich Jesus allein in der Tiefe ihrer Anbetung und ihrer tiefen und schweren Gedanken erschloss ...

Was sollten sie nur sagen zu diesem merkwürdigen Jesus in dieser Geschichte: Wie er, als der Wein zu Ende geht, auf den Wink seiner Mutter hört, etwas mürrisch zwar, aber dann dennoch; und wie er die sechs Wasserkrüge – jeder etwa 100 Liter groß (!) – voll Wasser füllen lässt; und wie dann aus den Gefäßen ein wunderbarer Wein geschöpft wird. Das Fest kann weitergehen. Was sollten sie dazu sagen? Was sollen wir dazu sagen?

Ich lese diese Geschichte – zunächst einmal eher oberflächlich als ganz normale Erzählung von Menschen und von Jesus mitten unter diesen Menschen – und ich lese sie zugleich im Licht unserer Frage nach dem Luxus der Musik in der Kirche. Orgeljubiläum, Festtage. Dann sagt sie uns zunächst: Wo Menschen beieinander sind, dort ist es gut, wenn sie nicht nur zusammen arbeiten oder diskutieren. Dort ist es gut, wenn sie auch miteinander feiern: in Krankenhäusern ebenso wie in Betrieben, in Schulen und Hochschulen ebenso wie in den Familien oder eben auch in Kirchgemeinden. Die Geschichte erzählt von feiernden Menschen und von dem einen besonderen Menschen, in dem Gott selbst auf Erden erschien: Jesus. Sie erzählt, dass er solches Feiern, solch ein fröhliches Fest, bejaht, dass er mitfeiert, dass er teilnimmt, dass er offensichtlich an allem seine Freude hat – und dass er sogar dafür sorgt, reichlich und luxuriös, dass das Fest nicht platzen muss, sondern weitergehen kann. „Jesus – der Freudenmeister“, so lautet das Thema dieses Sonntags.

Bezogen auf das Orgeljubiläum heißt das wohl: Es gibt eine Form der Verschwendung an Zeit, Kraft und Geld, die Jesus offensichtlich billigt. Alles, was ein Fest gelingen lässt, alles, was Menschen brauchen, um fröhlich sein zu können – natürlich gehören da alle Sorten von Musik hinzu, alle Arten Instrumente und selbstverständlich auch die Königin der Instrumente: die Orgel – alles das hält er für richtig. Für ihn sind Menschen nicht nur Arbeiter, Konstrukteure, Operateure, Techniker, Analytiker, Macher in jeder Gestalt. Für ihn sind sie auch Feiernde, Tanzende, Essende, Trinkende, Genießende, vielleicht auch Träumende, Singende, Spielende. Er weiß etwas vom Geheimnis des Lebens, dass der Alltag des Tätigseins immer wieder auch Unterbrechungen braucht, Feste, damit die Freude nicht ausgeht. Und er weiß wohl auch etwas davon, dass auch Kranke nicht nur medizinische Betreuung brauchen, ständige Analyse ihres Gesundheitszustandes, Fürsorge, sondern dass sie auch zwischendurch etwas Schönes brauchen: Blumen am Tisch, ein Kind, das zu Besuch kommt und fröhlich erzählt, einen Gottesdienst am Sonntag – und immer wieder auch wohltuende Musik. Wie oft mag es Orgelmusik sein, mögen es gerade die Töne dieser Orgel gewesen sein, die an die Krankenbetten gedrungen sind und die die Seelen von Menschen froh gemacht haben – von Menschen, die auf dem Weg der Heilung waren, und vielleicht sogar manchmal von Menschen, die schon den Weg des Sterbens angetreten hatten. Diesen Luxus des Schönen, des Festlichen, der Freude, gönnt uns Jesus. Dafür engagiert er sich. Dafür ist ihm seine Kraft nicht zu schade.

Warum erzählt uns der Evangelist diese Geschichte? Je länger ich sie vor mir habe, desto mehr spüre ich, dass hinter der Oberfläche dieser Erzählung noch etwas anderes herauszuhören ist. Nicht umsonst wird von dem „Zeichen“ gesprochen, das Jesus tat, und davon, dass er hierbei seine Herrlichkeit offenbarte. War das Ganze ein Zeichen, wenn ja – wovon denn? Von einer Hochzeit wird erzählt. Hatte Jesus nicht oft vom Himmelreich im Bild einer Hochzeit gesprochen? Beispielsweise dass da der Bräutigam kommen wird und dass die klugen Jungfrauen Öl haben und eingelassen werden. Von Wasserkrügen wird erzählt – bestimmt für die Reinigung nach jüdischer Sitte, die nun, in der christlichen Gemeinde offenbar nicht mehr gebraucht werden. Vom Wein ist hier die Rede. Hat der gar nichts zu tun mit dem Wein, den Jesus immer wieder mit seinen Jüngern getrunken hat – auch am Abend vor seiner Verhaftung? Es ist wohl so: Es gibt so etwas wie eine Tiefendimension dieser Geschichte. Die nimmt von dem allgemein-menschlich Erzählten nichts zurück, rechnet aber damit, dass hinter der Oberfläche der Story noch auf weitere symbolische Bedeutungen angespielt wird. Wovon ist dann in dieser Geschichte auch die Rede?

Sie erzählt dann nicht nur von irgendeiner Hochzeit in Israel zur Zeit Jesu in dem Dorf Kana, sondern sie spricht zugleich auch von der Hochzeit, zu der wir alle eingeladen sind im Reich Gottes. Sie erzählt dann zugleich davon, dass mit dem Kommen Jesu in die Welt zu Weihnachten und dass durch sein Sterben und Auferstehen diese Hochzeit in gewisser Weise schon angefangen hat. Es ist nun nicht mehr offen, was einst sein wird. Am Ende von allem wird die große Hochzeit Jesu, wird das große himmlische Freudenmahl stehen. Ein Fest ohne Ende, für das selbst die großen Wasserbehälter noch viel zu klein sind, um den ganzen Wein aufzunehmen. Ein Fest, auf dem Jesus seine *ganze* Herrlichkeit offenbaren wird, die wir heute nur bruchstückhaft erkennen können. Ein Fest, bei dem nicht nur Juden, die bestimmte Reinigungsriten erfüllen, sondern alle Menschen zugelassen sind, Fromme und weniger Fromme, Glaubensstarke und Zweifler, Erfolgreiche und Gescheiterte, Gesunde und Kranke. Von einem solchen Fest erzählt unsere Geschichte, wenn man einzelne Worte symbolisch liest. Damit fügt die Geschichte uns aber noch etwas zum Orgeljubiläum hinzu. Unser Spielen und Singen, unsere Musik von der Orgel und von den vielen anderen Instrumenten gerät so noch in eine andere Perspektive:

- Wir gönnen uns dann mit solcher Musik nicht nur einen Luxus festlicher Stunden und feierlicher Töne, der uns Menschen gut tut. Sie hat eine tiefere Bedeutung: Sie kann uns dabei helfen, schon hier – inmitten vieler ungelöster Probleme und Sorgen, vielleicht trotz meiner Angst um meine Gesundheit – etwas von dem ewigen Himmel Gottes auf Erden zu spüren. Das ist das Geheimnis der Musik, dass sie uns hineinsingen, hineinziehen kann in den Festraum Gottes: in den Trost des Evangeliums und in die Freude der Nähe Gottes. Es sind nicht nur beliebige Töne, die erklingen, sondern es sind Töne, die zur Sprache Gottes an uns werden können.
- Und wir kommen dann als Menschen nicht allein zusammen, um uns zu entspannen und miteinander fröhlich zu sein, sondern wir kommen dann zugleich auch vor Gott zusammen, in unseren Kirchen, zum Gottesdienst, um hier schon etwas zu spüren von dem Fest, das kein Ende haben wird. Da lässt sich noch anders aufatmen und das Belastende weglegen als sonst. Da richten wir uns nicht selbst auf, sondern da ist er da, Christus, der uns aufrichtet mit seinem Wort und seinem Zeichen.
- Und wir treffen uns dann nicht nur, um einmal eine Tasse Kaffee oder ein Glas Wein mit guten Freunden zu trinken. Sondern wir stellen oder knien uns in besonderer Weise an den Tisch, bei dem Jesus selbst unser Gastgeber sein will, an dem er unter Brot und Wein sich selbst gibt. Da, wo wir Abendmahl halten, Eucharistie, dort kann in besonderer Weise etwas

spürbar werden von der Hochzeit, von der in unserer Geschichte in der Tiefe miterzählt wird.

Wir wissen nicht, welche Musik bei der ewigen Hochzeit im Reich Gottes erklingen wird: ob solche von Bach, vom sogenannten Fünften Evangelisten, oder ob solche von Mozart, wie Karl Barth, der große Theologe – mit ein bisschen Augenzwinkern – hoffte. Wir wissen nicht, ob die Engel vielleicht sogar von Pop und Gospel angetan sind. Wir wissen nicht, welche Instrumente wirklich im Himmel zum Zuge kommen: Geigen oder Harfen, Orgeln oder Trompeten. Aber eines wissen wir: Dass die Musik – oft mehr als Worte es vermögen – Menschen schon heute ein wenig den Himmel aufschließen kann, inmitten einer Welt voller Kriegsdrohung und Gewaltausübung. Dass sie trösten kann mit der Kraft des Evangeliums – dort wo Krankheit, Leid und Not ist. Dass sie froh machen kann, selbst dort, wo Menschen nichts zu lachen haben. Dass durch sie schon heute Töne des ewigen Festes bei Gott in diese irdische Zeit dringen.

Dazu ist dieses Instrument vor 30 Jahren erbaut worden. Dazu ist es in vielen Gottesdiensten und Konzerten erklungen. Menschen haben es sachkundig errichtet, andere haben es hervorragend zum Klingen gebracht. Es waren und sind nur Menschen. Und dennoch konnte es mit seinen Tönen Zeugnis geben von dem ewigen Fest bei Gott. So wollen wir denen danken, die es erbaut haben, denen, die auf ihm spielen – und Gott danken, der uns das alles geschenkt hat. Der Luxus eines solchen Instruments, der Luxus guter Musik ist etwas, das wir genauso dringend brauchen wie Nahrung, Kleidung, Arbeit und Gesundheit. Wir brauchen es für unsere Seele.

Und die verschwenderische Größe eines solchen Instruments und seine Klangpracht darf ein Zeichen sein für die Größe und den Glanz Gottes in seinem Reich. Jesus, der Freudenmeister, gönnt uns diesen Luxus, damit wir mit ihm feiern in Zeit und Ewigkeit.

Amen

Das Glück der Gottesgewissheit auf dem Weg nach Jerusalem.

Predigt über Mt 17,1-9 am Letzten Sonntag nach Epiphanias 2003 im Universitätsgottesdienst in der Nikolaikirche Leipzig

Liebe Gemeinde!

„Erlebe dein Leben!" – das sei die Devise unserer Zeit, sagt ein berühmter Soziologe unserer Tage. An die Stelle früherer Lebensmaximen der Pflicht und des Dienstes für andere wäre für viele heute das „Projekt des schönen Lebens" getreten. Vielen wäre es am allerwichtigsten, persönlich etwas vom eigenen Leben zu haben, sein Leben halt zu „erleben".[6]

Überall dort, wo man etwas verkaufen will, hat man aus dem modernen Erlebnistrend längst die Konsequenzen gezogen. Überall wird der Kunde auf sein Erlebnisbedürfnis angesprochen: Da gibt es nicht mehr nur die Seife, die reinigt, sondern die ein ganz eigenes „Körpererlebnis" verschaffen soll. Da wird nicht mehr in ein Theater, sondern in ein städtisches „Erlebniszentrum" eingeladen. Da preist man Autos nicht mehr allein damit an, dass sie schnell oder benzinsparend fahren, sondern dass sie ein ganz neues, einzigartiges „Fahrerlebnis" vermitteln sollen. Und da werden Jugendliche angelockt, mit dem Konsum einer bestimmten Droge phantastische Erlebnisse jenseits des Alltäglichen, jenseits der Grenzen unserer normalen Erfahrung machen zu können.

Auch der religiöse Markt hat sich dem modernen Erlebnistrend nicht verschlossen. So wirbt eine große Evangelisationsveranstaltung damit, dass man hier „Glauben erleben" könne. Manche Kirchentagswerbung klingt ganz ähnlich. Und wo Räucherstäbchen oder indische Meditationsseminare angeboten werden, wird denen, die sich darauf einlassen, eine besondere religiöse Erfahrung, ein tieferes, „ganzheitliches Erlebnis" mit sich und dem Heiligen versprochen. Keine Frage: Viele ärgern sich über die Armseligkeit und Einfallslosigkeit einer klein gewordenen Kirchgemeinde mit ihren oft resignierten, manchmal auch wirklich einfallslosen Pfarrern und Mitarbeiterinnen. Sie sind auch religiös auf der Suche nach Mehr: nach einem „Erlebnis" hinter dem Schwarzbrot lutherischer Predigt und traditioneller Gottesdienstordnungen. Und vielleicht gehören wir auch ein wenig zu den Menschen mit einem Hunger nach tiefen, gewiss machenden religiösen Erlebnissen. Ist das nicht zu verstehen? Oder ist die Bibel gegen eine „erlebnisorientierte Spiritualität"?

Die Geschichte aus dem Matthäusevangelium, die Grundlage auch für die Predigt ist, ist jedenfalls eine Erlebnisgeschichte allerersten Ranges. Es ist ein Text, in dem sich ein ursprüngliches, vielleicht visionäres Erlebnis und spätere Deutungen erzählerisch sehr stark miteinander verschränkt haben, so dass man es gar nicht mehr auflösen kann. Wovon ist die Rede?

Um die Erzählung zu verstehen, dürfen wir zunächst *die Vorgeschichte* nicht vergessen: Jesus weist das erste Mal seine Jünger darauf hin, dass er nach Jerusalem gehen muss, dass er dort leiden und sterben muss und dass er am dritten Tag auferstehen wird. Leiden und sterben? Petrus macht sich zum Sprachrohr des gesunden Menschenverstandes und will Jesus von diesem Weg abbringen. Doch Jesus weist ihn scharf zurück: „Du meinst nicht, was göttlich, sondern was (nur)

[6] Gerhard Schulze: Die Erlebnisgesellschaft. Kultursoziologie der Gegenwart, Frankfurt a.M./New York 4. Aufl.1993.

menschlich ist." Und nicht genug damit, er ruft vielmehr auch seine Anhänger auf seinen Weg, auf den Weg zur Nachfolge: „Wer mir nachfolgen will, der verleugne sich selbst und nehme sein Kreuz auf sich und folge mir. Denn wer sein Leben erhalten will, der wird es verlieren; wer aber sein Leben verliert um meinetwillen, der wird`s finden."

In der Vorgeschichte geht es um die Grundausrichtung der Jesusbewegung, um die Maxime des christlichen Lebens, die menschlich oft schwer einleuchtet, die aber von Gott her gelten soll: „nach Jerusalem gehen", Jesus nachfolgen, sein Kreuz auf sich nehmen, das eigene Leben, eigene Kraft, eigenes Geld, eigene Ambitionen hingeben können, wo es nötig ist für andere. Jesus ist alles andere als ein Guru, der nur wunderbare und wundersame Erlebnisse verspricht. Er ruft unbeirrt zur Nachfolge „hinauf nach Jerusalem". Warum? Ist er lebensmüde? Hat er ein so schwaches Ich, dass er unfähig ist, das Leben zu genießen? Leidet er am Helfersyndrom? Nein, er nimmt einfach die Realität des Lebens ernst. Er flieht nicht, sondern mischt sich ein. Er kennt die Kräfteverhältnisse und weiß, wer die Macht hat. Aber er weiß auch, dass Gott diese Welt nicht egal ist und dass ihm die Menschen nicht egal sind. Er hat seinen göttlichen Auftrag. Er hat auf seinem Weg nach Jerusalem eine Spur der Barmherzigkeit zu setzen, Hinweise zu geben auf den Gott, der in dieser Welt dennoch den Menschen nahe ist. Das ist sein Weg, sein Kreuzweg, der Weg der Nachfolge, auf den er einlädt.

Diese Vorgeschichte ist wichtig. Denn sie erinnert uns daran, dass es eine Art von Erlebnisorientierung gibt, die sich in der Tat mit Jesus nicht verträgt. Da überlässt man die Welt einfach sich selbst, egal ob sie sich wieder einmal in einer Vorkriegszeit befindet wie in diesen Tagen oder nicht.[7] Da denkt man ausschließlich an den eigenen Spaß und greift dafür tief in die Tasche. Und da hat man kein höheres Ziel, als die bedrohliche Langeweile durch immer extremere Spiele zu vertreiben. Das aufregende und anregende Erlebnis, was auch immer es sei, als Flucht vor der Realität – das ist mit Jesus nicht zu machen. Da gibt es nur ein Entweder – Oder.

Aber nun setzt *die Geschichte selbst* ein. „Nach sechs Tagen", erzählt sie bedeutungsschwer, „nahm Jesus mit sich Petrus und Jakobus und Johannes, dessen Bruder, und führte sie allein auf einen hohen Berg." Es sind drei Menschen wie wir wohl auch, die bei ihm bleiben wollen und doch manchmal zwischen Glaube und Zweifel hin- und hergerissen sind. Da ist es gut, dass es nach all den Alltagstagen den siebten Tag gibt: einen Sabbat besonderer Art. Einen Tag, an dem Jesus sie einlädt auf den Berg der Verklärung. Da gibt es nicht nur die Hektik der immerwährenden Sorge um das, was einem auf der Seele liegt: die Ängste um den Frieden, die Sorgen für den Nächsten, die Unzufriedenheit mit sich selbst. Da gibt es einen Raum, eine Zeit, in der die Sorgen einmal unterbrochen werden. Distanz wird möglich zu dem, was mich sonst eindeckt. Hier muss ich einmal nichts tun, sondern darf schauen und hören. Jesus kommt mir nahe – noch ganz anders als sonst, verwandelt, verdeutlicht, verändert. Ich darf ihn schauen und ihn hören. Vieles, was mir unklar war an ihm, klärt sich. Mir fällt es wie Schuppen von den Augen. Die Angst, nicht zu genügen – wie weggeblasen. Die Zweifel – vergangen. Das Hin- und Hergerissensein – zu Ende. Ich bin wie in

[7] Der Ausbruch des Irakkrieges stand zum Zeitpunkt des Gottesdienstes nahe bevor.

einer anderen Welt der Gottesgegenwart. Ein Schein der Ewigkeit schon jetzt. Etwas vom Osterlicht schon jetzt auf dem Antlitz Jesu.

Das also gibt es also auch: Erlebnisse im Glauben, umwerfende Erfahrungen, etwas Faszinierendes, das man zu sehen oder zu hören bekommt, Gewissheit, Klarheit, das Glück der Gottesgewissheit. Kennen Sie das? Waren Sie schon manchmal oben auf einem solchen Berg der Verklärung?

- Von einem „Berg“ wird ja nicht zufällig erzählt. Für manche Menschen ist ein Bergaufstieg mehr als ein Naturschauspiel. Wenn sie, oben angelangt, auf die erhabene Natur schauen, auf die schneebedeckten Gipfel, auf die Weite des Landes, dann sehen sie zugleich hindurch, dann ahnen sie zugleich etwas von der Größe und Schönheit Gottes. Für sie ist es wie eine Vision des Unendlichen.
- Für andere hängt der Weg zum Gipfel eher mit Tönen zusammen: mit der Kunst der Orgelimprovisation, mit einem Oratorium von Bach, mit meisterhaft gesungenen Motetten oder vielleicht auch mit einer gregorianischen Melodie von Hildegard von Bingen.
- Wieder andere brauchen die besondere Stunde: die heilige Nacht, den frühen Ostermorgen.
- Aber ich kenne von mir – neben dem Gepacktwerden durch Musik – auch noch ein anderes Gipfelerlebnis: dass mir ein Wort so nahe kommt, dass es mich ergreift – gesprochen in einem dichten Zweiergespräch oder ausgesprochen in einer Predigt. Endlich Klarheit, plötzlich wieder Gewissheit, Gottesnähe. Vielleicht kennt das mancher von Ihnen auch.
- Und vielleicht ist auch für Einzelne diese Kirche so ein Berg und diese Stunde so eine Zeit. Vielleicht spürst du, dass Jesus jetzt nahe ist. Und vielleicht erlebst du jetzt in diesem Raum und unter dieser Musik und unter diesen Worten, wie das Zweideutige und Belastende einmal zurücktritt und Gewissheit an die Stelle tritt.

Dazu sind ja unsere Gottesdienste, und dazu ist ja eigentlich der Sonntag überhaupt da: am siebten Tag einmal unterbrechen, Jesu Einladung hören, sich mit ihm auf den Berg der Gottesnähe machen. Freilich: nicht jeder Gottesdienst wird zum Offenbarungserlebnis. Jesus selbst muss uns einladen. Er muss da sein und ihn mit uns feiern. Das kann man nicht erzwingen, sondern nur erbitten. Und wir können nur hoffen, dass wir mit unserer Theologie und unserem Geschmack, mit unseren Fähigkeiten und unserer Sprache, mit unseren Ordnungen und Traditionen Jesus nicht zu sehr im Wege stehen, sondern dass wir ihm Raum geben.

Typisch freilich ist, wie Petrus – er stirbt ja nie an Herzdrücken – auf dieses umwerfende visionäre Erlebnis mit Jesus und mit der Erscheinung von Mose und Elia reagiert: „Hier ist (es) gut sein“, sagt er. „Hier lasst uns Hütten bauen“, hier wollen wir immer bleiben. Wäre das nicht schön, immer Glauben zu haben und aus den Zweideutigkeiten des Lebens herauszukommen? Wäre es nicht gut, immer in der spürbaren Nähe Jesu bleiben zu können – ohne den Staub der Straße nach Jerusalem? Wäre es nicht verlockend, immer in diesem „Projekt des schönen religiösen Erlebens“ bleiben zu können – komme, was da wolle?

Hütten bauen, wo man Seligkeit verspürt: ein verständlicher Wunsch. Aber die Nöte in unserer Welt werden nicht dadurch behoben, dass wir allein schöne Liturgien zelebrieren und ermunternde Worte des Zuspruchs hören. Die Spur der Barmherzigkeit Gottes muss gezogen werden. Der Zug nach Jerusalem muss weitergehen – mitten hindurch durch Elend und Wohlstand, mitten hindurch durch

Kriegsplanungen und Friedensbemühungen, durch Dummheit und hohe technische Intelligenz, durch die Krisen und Erfolge unserer Gesellschaft und unseres persönlichen Lebens.

Der Zug muss weitergehen – das zeigt sich ganz besonders an der *Nachgeschichte* unseres Textes, die man offensichtlich so wenig ignorieren darf wie die Vorgeschichte. Es ist so, als ob die Leute längst schon auf Jesus gewartet hätten, auf ihn und seine Nachfolger. „Herr, erbarme dich", so tönt es ihm bald auf seinem Weg nach Jerusalem entgegen. „Herr, erbarme dich" – das wird seine ständige Begleitmusik auf dem Weg nach Jerusalem. Kranke wollen Heilung, Streitsüchtige brauchen Korrektur, Unbarmherzige Mahnung, Kinder brauchen Segen ... Jesus hat sich gestärkt. Er hat sich die Gottesgewissheit geholt auf dem Berg der Verklärung. Seine Jünger sind sich ihres Weges neu gewiss geworden. So haben sie die Kraft, die sie brauchen, auf dem Weg nach Jerusalem. Und so gehen sie den Weg des Erbarmens, so zieht sich die Spur der Barmherzigkeit Gottes von jenem Berg hinab in das Land und dann wieder hinauf nach Jerusalem.

Liebe Gemeinde, als Christen können wir nicht dagegen sein, wenn Menschen ab und zu etwas Schönes erleben wollen. Dafür ist die Welt zu schön und sind unsere Sinne zu genau, als dass wir um Schönes immer einen Bogen machen dürften. Als Christen können wir auch nichts dagegen haben, wenn Menschen religiös etwas erleben und in ihrem Glauben gewiss sein wollen.

Aber es muss uns klar sein: das Projekt der Barmherzigkeit hat Vorfahrt vor dem Projekt des schönen Lebens. Es muss uns klar sein: Solange noch Menschen an der Straße nach Jerusalem stehen, solange noch gestritten und geschossen, gelogen und beleidigt wird, solange Elend und Krankheit noch Gegenwart und nicht Vergangenheit sind, so lange ist es uns verwehrt, dauerhafte Hütten zu bauen in der Gottesnähe und uns in eine schöne heile Welt zurückzuziehen. Jesus ist unterwegs nach Jerusalem. Zu unserem Glück und zu unserem Heil. Zum Glück und zum Heil aller Menschen. Wir sind eingeladen, ihm auf diesem Weg zu folgen.

Amen

Eine Hoffnung, wo es eigentlich nichts mehr zu hoffen gibt.

Predigt über Joh 12,12-19 am Sonntag Palmarum 2003 im Universitätsgottesdienst in der Nikolaikirche Leipzig

Liebe Gemeinde,
große öffentliche Einzüge sprechen ihre besondere Sprache:

Ich denke z.B. an einen Boxkampf. Die Arena ist voller Menschen, die sehen wollen, wer der neue Weltmeister werden wird. Ein Vorprogramm mit Kämpfen jüngerer und unbekannter Boxer macht dem Publikum Appetit auf den kommenden Kampf. Musik heizt die Stimmung an. Ein Moderator tut das Seine dazu. Und dann endlich ist es soweit. Die Fernsehkameras zeigen schon den Aufbruch des Champions mit seiner Mannschaft durch die Flure der Arena. Und dann betritt er den Raum unter ohrenbetäubendem Lärm, unter frenetischem Jubel der Fans. In der Mitte seines Teams – gut geölt und mit einem bunten Mantel bekleidet: er, der kommende Held, wie seine Anhänger hoffen. Kraftvoll und siegesbewusst hebt er seine Arme empor. Lauter Jubel antwortet ihm. Ein Einzug, der die Körperkraft in den Mittelpunkt stellt und die Siegesgewissheit.

Oder ich denke an eine katholische Priesterweihe in einem mächtigen Dom. Er ist bis auf den letzten Platz gefüllt. Die Glocken haben geläutet, die Orgel hebt zu einem gewaltigen Präludium an. Die Gemeinde hat sich von den Plätzen erhoben. Viele zücken ihren Fotoapparat. Und dann ziehen sie ein durch den Mittelgang: die Ministranten und Zelebranten, die Priesteramtskandidaten in ihren weißen Kleidern und schließlich der Bischof – herausgehoben durch seine besondere Amtstracht und die hohe bischöfliche Kopfbedeckung, die ihn größer macht als alle anderen, und zusätzlich ausgezeichnet durch seinen gewaltigen Krummstab als Zeichen seiner bischöflichen Hirtengewalt. Ein Einzug, der ein heiliges Geschehen ausdrücken will, die Präsenz der göttlichen Weihekraft durch den Bischof.

Und ich stelle mir schließlich einen römischen Statthalter vor, der wie gewohnt zu Beginn des Passahfestes mit seiner Eliteeinheit nach Jerusalem einzieht. Erst kommen die Soldaten, sie gehen vorbei an den vielen Menschen am Straßenrand, die sehen wollen oder sehen sollen, wer die Macht hat. Man hat die schönsten Uniformen angelegt. Frisch polierte Waffen werden mitgeführt. Und endlich kommt er – der Prokurator. Er sitzt auf dem schönsten und höchsten Pferd, das sich finden lässt. Und er lässt sich feiern von denen, die ihm gehorchen müssen. Tief beugen sie sich vor dem hohen Herrscher. Majestätisch grüßt der Sieger von seinem hohen Ross herab. Ein Einzug zur Demonstration der Macht.

Einzüge sprechen ihre besondere Sprache. Da wird nicht nur eine Entfernung überbrückt; da wird nicht nur ein Weg zurückgelegt, sondern da wird etwas zeichenhaft ausgedrückt, das für viele Menschen eine große Bedeutung hat.

Auch der Einzug Jesu nach Jerusalem, wie ihn der Evangelist Johannes erzählt, spricht wohl seine eigene Sprache. Von dem Mann aus Nazareth hatten viele in der Stadt schon gelegentlich gehört. Zeichen sollte er getan haben, Wunder. Durch das Land war er gezogen in der Hoffnung auf Zuhörer und Anhänger seiner Lehre – wie so mancher seltsame Prediger und Prophet. Aber das, was unmittelbar vor den Toren Jerusalems geschehen sein sollte, das machte besonders die Runde.

Einen Toten sollte er auferweckt haben. Lazarus hieß er. Manche kannten ihn und seine Schwestern. Ob er vielleicht doch mehr war als ein Prophet? Ob er vielleicht doch der erwartete Messias, der neue König Israels war? Wenn er sogar Tote auferwecken konnte!? Ob mit ihm alles doch endlich heil werden würde, was einem selbst und was dem ganzen Land an Unheil widerfuhr?

Und so gehen sie los, Einheimische und Pilger, die zum Fest nach Jerusalem gekommen waren. Sie gehen diesmal zum anderen Tor, nicht zu dem, durch das der Statthalter mit Glanz und Gloria eingezogen ist. Sie nehmen Palmenzweige mit, wie es Brauch ist, wenn ein siegreicher Herrscher, wenn der König heimkehrt nach dem Krieg. Sie wollen ihm zujubeln, zuwinken. Sie laufen bis vor die Tore der Stadt, ihm entgegen. „Hosianna!", rufen sie, „O, Herr, hilf!", „Kyrie eleison!", „Gelobt sei, der da kommt in dem Namen des Herrn, der König von Israel!" Ein Auflauf vor den Toren der Stadt. Und da kommt er. Was wird er tun? Wird er ein neues Wunder tun? Vielleicht noch größer als das letzte? Was wird er sagen? Wird er so predigen, dass sich die ganze Stadt bekehrt und ihm nachfolgt? „Hosianna", ruft die Menge immer lauter und immer erwartungsvoller. Nur wenige Skeptiker sind darunter, Schriftgelehrte, Pharisäer. Die fühlen sich bestätigt, dass gegen diesen Jesus wohl nichts hilft und dass man ihn mit Gewalt zum Schweigen bringen muss. Aber die Masse ruft: „Hosianna, gelobt sei, der da kommt im Namen des Herrn."

Ein großer Einzug wie so viele andere auch: begeisterte Massen, laute Rufe, Winken, Stimmung, große Erwartung. Und doch in einem Punkt ganz anders. In einem Punkt entscheidend anders. Denn Jesus setzt sich nicht auf ein hohes Ross. Er hat keine Siegeruniform angezogen. Er hält keine huldvollen Reden an das Volk. Sondern er nimmt sich einen kleinen jungen Esel, setzt sich auf ihn und zieht so – stumm, ohne ein Wort zu sagen – ein in die Stadt. Seine Jünger um ihn herum, eine kleine Schar, die nicht so recht weiß, was jetzt geschieht. Noch rufen die Leute. Wie lange noch? Wie lange wird es dauern, bis aus dem „Hosianna" ein „Kreuzige ihn" wird?

Was bedeutet dieses Verhalten Jesu? Es ist eine eigenartig gebrochene Szene, die uns geschildert wird. Einerseits lässt sich Jesus ein auf die Menge. Die will ihren Einzug haben. Also zieht er ein. Ein bisschen wie ein siegreicher König. Die Menge will ihre Wunder und Zeichen haben. Er lehnt diese Erwartungen nicht ab, sondern lässt sich auf sie ein. Immer wieder hat er auch Zeichen getan. Aber andererseits verweigert er sich ihnen gegenüber. Sie wollen einen siegreichen Messias. Aber er kommt mit seinen armseligen Anhängern. Sie wollen einen König, der Macht und Kraft ausstrahlt, mehr noch als der Prokurator. Aber er setzt sich auf ein winziges Tier, das ihn kaum tragen kann. Sie wollen einen, der ihre Begeisterung aufgreift und verstärkt. Aber er reitet nur stumm an ihnen vorbei. Was soll das? Welche Sprache spricht dieser Einzug?

Die einer bewussten Provokation? Wahrscheinlich. Aber worauf zielt diese? Worauf will Jesus hinaus? Offenbar lässt er sich ganz auf diese Welt ein, auf die Menschen mit ihrer Wundersucht und mit ihrer Begeisterung. Aber er lässt sich von ihnen nicht seinen Weg, sein Anliegen, seinen Auftrag diktieren. Er lässt sich auf sie ein und bleibt ihnen gegenüber zugleich frei.

Worauf will er hinaus? Der kleine Esel ist kein Zufall. Es ist alles Absicht. Jesus setzt sich bewusst nicht auf das hohe Ross, sondern auf den kleinen Esel. Es muss mit seinem Weg, mit seinem Auftrag zu tun haben. Was meint er damit? Auch in unserer Zeit werden Tiere gern symbolisch gedeutet: die Schlange gilt als listig, der Fuchs als schlau, der Esel als so gutmütig, dass man ihn schon als dumm bezeichnen muss. Das war weniger die Bedeutung, die man zur Zeit Jesu mit dem Esel verband. Da hatte dieses Tier eine doppelte Bedeutung: Einmal war es das Lasttier der kleine Leute. Material zum Bauen transportieren, Futter, Nahrung, einen weiten Weg zurücklegen. Überall brauchte man dieses Tier. Lasten tragen – das war sein Los. Ihm konnte man viel auferlegen. Und zum anderen war es das Tier, das sich zu vielem eignete, ganz bestimmt aber nicht für den Krieg. Schon im Alten Testament, zum Beispiel beim Propheten Sacharja, wird deshalb der Esel in Verbindung gebracht mit dem messianischen Friedensreich. Auf einem Esel sollte der Messias kommen, der die Streitwagen und Kriegsrosse abschaffen und den Kriegsbogen zerbrechen sollte. Mit dieser Tradition, mit dieser Bedeutung wollte sich Jesus verbinden. Da sah er seinen Weg, seinen Auftrag: Lasten tragen – und den Frieden bringen.

Wir sehen das Bild von Jesu Einzug nach Jerusalem an diesem Sonntag vor uns, und wir haben gleichzeitig die vielen Bilder der Gewalt vor Augen, wie sie aus dem Irak tagtäglich in unsere Häuser und Herzen kommen. Ich denke z.B. an einen Jungen, der als Einziger übrig geblieben ist von seiner ganzen Familie. Eine Bombe hat das Haus, die Eltern und die Geschwister vernichtet. Dem Jungen sind beide Arme abgerissen worden. Seine Haut ist stark verbrannt. Und nun liegt er, wenn er noch lebt, in einem der überfüllten Krankenhäuser in Bagdad.

Jesus, wie er auf dem Esel einzieht: Das heißt doch, dass es einen Krieg im Namen Jesu nie und nimmer geben darf. Wer Kreuzzüge propagiert, gestern oder heute, verrät Jesus, verrät das Kreuz. Und wenn ein amerikanischer Präsident glaubt, er habe so etwas wie eine göttliche Mission für einen sogenannten Präventivkrieg, dann ist sein Gott nicht der Vater Jesu Christi. Dann hat er seine Bekehrung nicht hinter sich, wie er denkt, sondern hoffentlich noch vor sich.

Jesus, wie er auf dem kleinen Esel einzieht – das ist freilich nicht nur ein moralisches Symbol, eine Aufforderung zum Verzicht auf Gewalt unter den Völkern und zur Friedfertigkeit untereinander. In dieser Handlung steckt ein Mehrwert an Bedeutung.

Wichtig ist ja nicht nur, womit Jesus einreitet. Wichtiger noch ist ja, wer er selbst ist. „Das Wort, der Logos, ward Fleisch“, so heißt es im Prolog des Johannes-Evangeliums. In ihm, dem Prediger aus Nazareth, war er selbst, der Logos, das ewige Wort, in ihm war Gott selbst präsent. In ihm, der da ärmlich einzieht in Jerusalem, ist der gegenwärtig, der Himmel und Erde gemacht hat.

Gott in Jesus? Ich weiß, dass vielen Menschen, auch vielen Christen, heute die göttliche Seite Jesu eine schwierige Vorstellung ist. Wie kann das sein: Gott in einem Menschen? Sie nehmen Jesus eher als Vorbild für menschliches Verhalten. So wird aus der Einzugsgeschichte eine moralische Mahnung zum Pazifismus oder zum Protest den Kraftdemonstrationen und Gewaltstrukturen gegenüber. Das ist auch nicht falsch. Aber sie verkündet viel mehr:

- Sie zeigt, dass es in dieser Welt von Gewalt und Krieg, von Imponiergehabe und Verachtung des Schwachen noch eine andere Kraft gibt, die vielleicht schwach scheint, lächerlich schwach – wie dieser Jesus auf dem Esel, mitleiderregend schwach – wie dieser Jesus dann, als er verraten und gefoltert und umgebracht wird. Aber dass in dieser Kraft Gott selbst präsent ist. Und dass deshalb ihr die Zukunft gehört und nicht der Gewalt, auch wenn der Weg durch Passion, durch Leiden, zur Auferstehung führt.

- Die Geschichte erzählt, dass nicht nur irgendein barmherziger Mensch, sondern Gott selber nach unten geht: dorthin, wo Lasten zu tragen sind; dorthin, wo Menschen leiden – an sich selbst, an den Systemen, in denen sie leben, oder an den Grausamkeiten, die ihnen zugefügt wurden; dass er dorthin geht, wo nicht nur gesiegt, sondern auch verloren wird; zu denen, auf die die Sieger dieser Welt verächtlich herabsehen. Und dass er die Lasten der Menschen mittragen will und sie nicht allein lassen will in ihrem Leid.

Ist das nur trockene Dogmatik, fromme Formelsprache? Oder haben solche Sätze für das konkrete Leben heute Bedeutung? Ich sehe noch einmal den muslimischen Jungen mit seinen Armstümpfen und seinen Verbrennungen vor mir. Vor so viel Grausamkeit kann man eigentlich nur verstummen. Jeder Versuch eines Trostes kann schnell wie eine Verharmlosung klingen oder gar wie eine Rechtfertigung eines solchen Krieges. Und in mir selbst, in meiner Erfahrung, habe ich auch keinen Trost, sondern eigentlich nur Entsetzen. Aber wenn ich meine Hoffnung für ihn und für die vielen anderen Opfer der Gewalt irgendwo festmachen, irgendwoher beziehen kann, dann in dieser Geschichte mit diesem merkwürdigen besonderen Einzug und bei dieser besonderen Person. Es muss so sein, dass Christus auch für ihn eingezogen ist in die Welt der Gewalt. Ich hoffe deshalb, dass dieser Junge auf irgendeine Art und Weise etwas davon spürt, dass er von Gott und den Menschen auch jetzt nicht verlassen ist. Ich weiß es nicht, wie das geschehen kann – in dieser Zeit oder in der Ewigkeit. Aber ich will dennoch von dieser einen Hoffnung – der einzigen, die es da wohl nur geben kann – nicht lassen.

Einzüge sprechen ihre besondere Sprache. Auch dieser, damals in Jerusalem. Wir wollen Gott danken, dass er diesen Weg gegangen ist. Und dass er ihn immer wieder geht. So ist die Gewalt nicht die einzige Kraft in dieser Welt, die zählt. Und so muss die Hoffnung nicht zu Ende sein, wo es scheinbar nichts mehr zu hoffen gibt. „Gelobt sei, der da kommt, im Namen des Herrn".

Amen

Hoffnung für Kain.

Predigt über Gen 4,1-16 im Sommersemester 2005 im Universitätsgottesdienst in der Nikolaikirche Leipzig[8]

Liebe Gemeinde!
Ein Abend im Oktober 2003 in Leipzig. Eine Gruppe Jugendlicher trifft sich, wie so oft, am Auensee in Leipzig-Wahren. Sie reden miteinander, trinken etwas und gehen dann auseinander. Ein Abend wie viele andere. Und doch ein ganz anderer Abend: Auf dem Heimweg des einen Jugendlichen, 16 Jahre alt, vor einer alten stillgelegten Fabrik stellt sich ihm plötzlich ein junger Mann in den Weg. Er sticht mit dem Messer mehrmals in den Leib des 16-Jährigen. Der erliegt bald darauf seinen Verletzungen. Wer war der Mörder? Welche Motive leiteten ihn? Ein zurückgelassener Rucksack bringt die Polizei schnell auf die Spur des Mörders: Das Opfer und sein Mörder kannten sich. Sie hatten noch kurz vor der Tat miteinander gesprochen. Sie waren keine engen Freunde gewesen, aber sie waren auch nicht verfeindet miteinander. Eigentlich hatte der Mörder einen anderen gesucht, dem er etwas „heimzahlen" wollte. Aber der war zu dem Jugendtreff am Auensee nicht gekommen. So wählte er sich einen Stellvertreter, dem er kurz darauf auflauerte und den er umbrachte. Nein, er habe ihn mit seinem Messer nicht töten wollen, sagt er später bei der Vernehmung, sondern er habe ihm nur einen „Denkzettel" verpassen wollen.

Kain ist unter uns. Er geht durch unsere Parks und durch unsere Straßen. Er wohnt vielleicht als unauffälliger Nachbar neben uns. Oder er hat gerade einen Prozess hinter sich und ist weggeschlossen worden für viele Jahre. Und auch Abel liegt immer wieder auf der Erde – erstochen, erschlagen, von Bombenterror zerfetzt. Tausendfach hat sie sein Blut getrunken in den Jahrhunderten und Jahrtausenden des menschlichen Lebens auf unserer Erde. Es ist eine alte archaische Geschichte und zugleich unsere Geschichte, die wir gerade gehört haben. Kain ist unter uns.

Was erzählt sie uns? Was hat sie mitzuteilen? Es sind *drei Szenen*, in denen sich das Geschehen entwickelt.

Eine erste Szene erzählt von einem Nichtangesehenen, der zum Mörder wird.

Zwei Brüder, Söhne einer Mutter. Es geht hier nicht mehr wie in den ersten drei Kapiteln des Buches Genesis um das Verhältnis von Frau und Mann, sondern um das Nebeneinander von Brüdern oder von Schwestern, um das Nebeneinander und Miteinander von Gleichberechtigten. Dafür stehen die zwei Brüder. Einer hat diese Begabung, ein anderer jene. Einer wird Schäfer, einer Bauer. Gott sei Dank gibt es unterschiedliche Begabungen. Nur so kann eine sinnvolle Arbeitsteilung gelingen. So sind die Voraussetzungen gegeben für Spezialisierung und Professionalisierung. Gott sei Dank sind die Menschen unterschiedlich. Welch ein Reichtum an Einsichten und Kenntnissen ist damit verbunden, welche Fülle an kulturellen Einfällen und Ausprägungen!

---

[8] Die Predigt wurde im Rahmen einer Predigtreihe zu den alttestamentlichen Urgeschichten im Sommersemester 2005 gehalten.

Und dennoch ist es oft schwer, Unterschiede zu ertragen. Der eine tritt in den Raum, und sofort fliegen ihm die Herzen der Menschen zu; der andere wird übersehen, vielleicht sogar belächelt. Die eine konnte sich noch nie mit ihrer körperlichen Beschaffenheit anfreunden, die andere sieht nicht nur blendend aus, sondern ist dazu auch noch intelligent und kommunikativ. Der eine strengt sich an ein Leben lang und bringt es zu nichts, der andere kann anfassen, was er will, und hat Glück. Unsere Geschichte folgt nicht der populären und dennoch zutiefst falschen Losung, jeder sei seines Glückes Schmied; sie kennt vielmehr diese Grunderfahrung, wie aus Unterschieden zwischen Menschen immer wieder Unrecht wird, Unrecht, für das man nach Ursachen sucht – die Gesellschaft, der Kapitalismus oder Neoliberalismus, die Globalisierung, betrügerische globale Kapitalgesellschaften vielleicht (und manchmal ist da etwas dran); oder das Milieu, aus dem ich komme, mein genetischer Code, nach dem ich gemacht bin, die Erziehung, meine Eltern, mein Glaube (und auch das mag nicht ganz falsch sein). Aber auch wenn ich die Gründe für die Ungleichheit analysieren kann, kann ich sie noch nicht beseitigen. Und wenn mir schon das eine gelingt, stehe ich umgehend vor dem nächsten Unrecht, das mich trifft.

Kein Zufall, wenn Menschen solche Erfahrungen auch mit dem zusammenbringen, der diese Welt geschaffen hat und der auch für die Brüder mit ihrer Ungleichheit und mit ihren Erfolgen oder Misserfolgen zuständig sein muss – mit Gott: „Es begab sich aber nach etlicher Zeit, dass Kain dem Herrn Opfer brachte von den Früchten des Feldes. Und auch Abel brachte von den Erstlingen seiner Herde und von ihrem Fett. Und der Herr sah gnädig an Abel und sein Opfer, aber Kain und sein Opfer sah er nicht gnädig an.“ Der Erzähler geht bis an die Grenze des Denkbaren: Ob es mit Gott selbst zu tun hat – den einen sieht er an, den anderen nicht? Er scheint es so vorauszusetzen, und er hadert darüber nicht mit Gott. Es ist jetzt jedenfalls nicht sein Thema, eher die Ausweglosigkeit solcher Schicksalserfahrungen. So ist es: Der eine wird angesehen, der andere nicht – von den Menschen, von den Autoritäten, von Gott.

Und genau solche Erfahrungen können zum Ausgangspunkt schlimmen Unheils werden: „Da ergrimmte Kain sehr und senkte finster seinen Blick.“ Das ist die Konsequenz des Kain-Menschen zu allen Zeiten: Wenn schon nichts hilft gegen das Unrecht – keine Psychotherapie, keine Revolution und keine Erziehung des Menschengeschlechts, dann soll wenigstens der verschwinden, dem es besser geht als mir, dann soll der wegsein, der mehr hat als ich und der besser angesehen ist als ich.

Kain ist unter uns: Nicht nur der Mörder mit dem Messer in der Hand, sondern auch der Kain, der mit Gesetzen andere fertigmachen und kaltstellen kann, der Kain, der mobbt und intrigiert, der Kain, der sich gern daran beteiligt, schmutzige Wäsche von Erfolgreichen zu waschen, alle die Kains, deren Neid Beziehungen vergiftet, Gerüchte produziert und die Würde von Menschen beschädigt. Auf irgendeine Weise folgen sie ihrem Urvater, der zu Abel spricht: „‘Lass uns aufs Feld gehen!’ Und es begab sich, als sie auf dem Felde waren, erhob sich Kain wider seinen Bruder und schlug ihn tot.“

Das ist die erste Szene. Sie endet mit der Problemlösung nach der Art Kains: In dem anderen nicht mehr den Bruder sehen, sondern nur noch ein Problem, das zu beseitigen ist – auf irgendeine Weise. „Danach habe ich endlich Ruhe“, hofft der Kain-Mensch.

Was erzählt uns die Geschichte?

Eine zweite Szene erzählt vom Mörder, der zum Lügner wird.

Doch diese Welt mit ihren Kain-Lösungen kommt – Gott sei Dank – nicht zur Ruhe, zu einer solchen Friedhofsruhe. Gott stellt sich quer. Er stellt Kain zur Rede: „Wo ist dein Bruder Abel?"

Aber es geschieht in der Geschichte so wie meist, wenn ein Mord geschieht. Es tritt die Lüge hinzu. Der Mörder wird zum Lügner. Er steht nicht zu seiner Tat, sondern versucht sie feige zu vertuschen und hinter einer frech-trotzigen Fassade zu verbergen. Der Mord hat offenbar nicht nur Abel beseitigt. Auch Kain ist ein anderer geworden. Geradezu frech tritt er Gott entgegen: „Soll ich meines Bruders – eines Schafhirten – Hüter sein?" Er hat sich mit tödlicher Konsequenz vom Bruder distanziert und gerät damit automatisch auch in eine Distanz zu Gott, den er belügt.

„Wo ist dein Bruder Abel?" Für mich ist es *das erste Evangelium* in dieser Mordgeschichte: Da gibt es in der Kain-Welt eine Instanz, die Mord und Totschlag, die das große Verbrechen wie die kleinen Verbrechen des zwischenmenschlichen Alltages nicht einfach hinnimmt, sondern die sie wahrnimmt und die sich zu Wort meldet: „Wo ist dein Bruder Abel?" Sie meldet sich im Gewissen der Kains, wenn sie noch eins haben. Sie wird hörbar durch mutige Einzelne, die Unmenschlichkeiten sehen und beim Namen nennen, durch Initiativgruppen, die nicht lockerlassen zu fragen: „Wo sind eure Schwestern, eure Brüder? Was habt ihr mit ihnen gemacht?" Die Rückfrage Gottes an Kain ist für mich ein Satz der Hoffnung, so wie der andere, der dann folgt: „Was hast du getan? Die Stimme des Blutes deines Bruders schreit zu mir von der Erde." Uralte mythologische Sprache, die wir dennoch unmittelbar verstehen können.

Das heißt doch: Der Kain und die Kains bekommen keine Ruhe. Da gibt es die Gottesstimme, die nicht schweigt. Da gibt es die Bluttat, die zum Himmel schreit. Wir müssen uns nicht abfinden mit der Erfahrung, dass Unrecht und Schuld in unserer Welt sowieso meist ungesühnt bleiben und dass am Ende doch die mit den besten Beziehungen, mit dem meisten Geld oder die ohne Gewissen siegen. Es mag sein, dass die Welt zu vielem schweigt und die Kains eine Zeitlang triumphieren. Aber Gott schweigt nicht ewig. „Es kommt alles noch einmal zur Sprache", so formuliert Helmut Gollwitzer einen seiner fundamentalen Sätze zur Bedeutung des christlichen Glaubens.[9] Und von dieser Hoffnung erzählt diese Geschichte.

Was erzählt diese Geschichte? Sie berichtet schließlich in einer *dritten Szene* von einem unerwarteten Ende: *Der Mörder wird vom Verurteilten zum Beschützten.*

Gott verflucht Kain. Er, der die Erde mit dem Blut seines Bruders infiziert hat, soll von ihr nicht mehr ernährt werden. Er soll seinen Beruf verlieren, seine Wohnung, seine Heimat. „Unstet und flüchtig sollst du sein auf Erden."

Die Strafe ist auch nach uralter Rechtsordnung durchaus gerecht. Aber Kain weiß, dass sie eine bestimmte Art von Todesstrafe ist. Und wendet sich an den Gott, den er gerade noch belogen hat, und bittet ihn um Milderung. Und das Unglaubliche geschieht: Gott lässt sich darauf ein. Er macht ein „Zeichen" an Kain, „dass ihn niemand erschlüge, der ihn fände". Und der Mörder darf weggehen in ein anderes Land, er darf – so wird nach unserer Geschichte erzählt – eine Frau wählen

---

[9] Helmut Gollwitzer: Krummes Holz – aufrechter Gang. Zur Frage nach dem Sinn des Lebens, München 6. Aufl. 1973, 382.

und Kinder mit ihr haben. Er darf eine Stadt errichten und in ihr wohnen. Der zu Recht Verurteilte wird zum Beschützten. Er steht unter Gottes Strafe und Schutz zugleich.

Das ist das *zweite Evangelium* in dieser Geschichte, noch überraschender als das erste von der nicht verstummenden Stimme Gottes in unserer Welt: Der Mörder wird von Gott in einer letzten Weise geschützt – mit einem geheimnisvollen Zeichen, das nicht näher beschrieben wird – aber das offenbar wirksam gewesen ist. Wieso ist das ein Evangelium, „gute Nachricht"? Ist das nicht eher wieder ein Verhalten Gottes, das neues Unrecht schafft? Wieso darf Kain leben, wenn Abel erschlagen bleibt? Muss das Blut Abels nicht gesühnt werden – Auge um Auge, Zahn um Zahn?

Immer wieder wird so gefragt: Muss man Mörder nicht viel konsequenter verfolgen und in der Regel hinrichten? Soll man für Gewaltverbrecher Steuergelder ausgeben und neue Gefängnisse bauen? Wird da nicht manchmal mit einer schwer verständlichen Milde der Verbrecher therapiert und sozialisiert, auch wenn er dann doch wieder rückfällig werden kann? Müsste man die Kains nicht viel konsequenter beseitigen oder lebenslänglich wegschließen?

Unsere uralte Mordgeschichte erzählt dagegen an. Sie berichtet von einem schwer begreifbaren Gott, der den Mörder zur Rede stellt, der ihn verurteilt und bestraft, der sich aber mit ihm dennoch auf ein Gespräch einlässt und ihm eine Chance zu einem neuen Anfang gibt. Auch der Mörder bleibt sein Geschöpf. Auch der, der keine Gnade kannte, wird bestraft, aber fällt nicht heraus aus der letzten Gottesgnade. Dieser überraschende Ausgang ist für mich Evangelium pur: weil wohl nur dann, wenn auch Gnade ins Spiel kommt, die Teufelskreise von Gewalt und Gegengewalt, von Mord und Rache unterbrochen werden können. Und weil wohl nur dann auch wir mit unseren gelegentlichen Kainsgedanken und Kainstaten – auch wenn wir keinen Mord begangen haben wie den im Oktober 2003 in Leipzig-Wahren oder wie den an Abel, dem Schäfer – bei Gott eine Chance haben.

Der Gott, von dem hier erzählt wird, erinnert sehr an den Vatergott, von dem Jesus erzählt hat. Er straft und vergibt. Von seiner Gerechtigkeit kann man nicht reden, ohne von seiner Barmherzigkeit zu erzählen. Weil es ihm immer um das Leben geht und nie nur um formale Prinzipien.

Das Evangelium ist gute Nachricht auch für Kain. Deshalb haben die Erfurter nach dem entsetzlichen Massenmord am Gutenberg-Gymnasium vor zwei Jahren bei der großen Trauerfeier auf dem Domplatz nicht nur 16 Kerzen für die ermordeten Schüler und Lehrer aufgestellt, sondern – ein Stück von ihnen entfernt – noch eine 17. Kerze, ein Zeichen für den Mörder Robert Steinhäuser, der sich selbst am Ende das Leben genommen hatte. Es war ein heftig umstrittenes Zeichen, besonders für die Angehörigen der Ermordeten. Aber es war ein starkes Symbol für das Evangelium, wie es uns in dieser ersten Mordgeschichte der Bibel erzählt wird.

Wir leben in einer Kains-Welt. Kain ist unter uns, und immer wieder wird Abel erschlagen. Und dennoch ist diese Welt nicht ohne die Gottesstimme, die fragt: „Wo ist dein Bruder Abel?", und nicht ohne den barmherzigen Gott, der selbst dem Kain eine Perspektive gibt. Deshalb ist es gut, in dieser Welt zu leben.

Amen

Hoffnungsbilder von der Güte Gottes.

Predigt über Luk 7,36-50 am 11. Sonntag nach Trinitatis 2007 im Universitätsgottesdienst in der Nikolaikirche Leipzig

Liebe Gemeinde,
stellen Sie sich manchmal den Himmel vor? Das Himmelreich? Vielleicht betrachten Sie sich eher als einen nüchternen Menschen, dem die irdische Wirklichkeit genug ist und der nicht gern träumt oder spekuliert. Aber vielleicht lassen Sie sich auch immer wieder einmal von den Bildern der Maler aller Zeiten oder von religiösen Träumen anderer anregen – auch wenn Sie wissen, dass unsere Vorstellungen für den Himmel Gottes, für das Himmelreich gar nicht zureichen. Vielleicht haben solche inneren Bilder etwas mit den engsten Angehörigen zu tun, die verstorben sind und denen man einen Platz im Himmel wünscht, oder auch mit Hoffnungen angesichts des eigenen Todes.

Viele biblische Geschichten gewähren in ihrer Weise Einblicke in das Himmelreich. Dabei denke ich nicht nur an fantastische apokalyptische Bilder vom Endkampf und von der Zukunft, in der endlich Gott „alles in allem" sein wird, sondern an Geschichten, die scheinbar in der Vergangenheit spielen: da, wo Jesus mit seinen Jüngern auftrat. Sie wollen nicht nur erzählen, was damals – einmalig – geschehen ist, sondern *was immer wieder geschieht, wo Jesus gegenwärtig wird* und wo mit ihm das „Himmelreich" heute oder künftig zu den Menschen kommt. So wie in unserem Text.

Drei Personen bestimmen die Handlung.
1. *Blicken wir zunächst auf den Pharisäer*, der – wie wir später erfahren – Simon heißt.
Er kennt keine Berührungsängste. Sonst hätte er Jesus nicht eingeladen, den umstrittenen Wanderprediger und Wundertäter, den anstößigen Rabbi, der sich so oft über das Gottes-Gesetz hinweggesetzt hatte. Vielleicht hält er sich selbst für großzügig, für religiös eher tolerant. Er achtet den Mann aus Nazareth als einen ernsthaften und gesellschaftsfähigen Partner, der Gast in einer gelehrten Männerrunde sein darf – mögen andere sich darüber auch die Mäuler zerreißen. Er freut sich auf spannende religiöse Debatten mit ihm. Sein Haus ist offen.

Sein Haus ist sogar offen für eine stadtbekannte Frau mit einem zweifelhaften Ruf, die er nicht daran hindert, einzutreten und die Männerrunde zu stören. Er hat keine Bodyguards am Eingang stehen. Freilich: Unangenehm ist diese Szene ihm schon, wie diese Frau sich an seinen Gast heranmacht. Viele Gefühle und Gedanken mögen ihm durch den Kopf gehen: „Da kann man einmal sehen, wie Großzügigkeit ausgenutzt wird. Hat die gar kein Ehrgefühl im Leibe?" – „ Aber vielleicht ist das auch eine Chance, Jesus zu testen: Wenn dieser Jesus wirklich ein Prophet sein sollte, was er ja von sich glaubt, dann müsste er doch wissen, was das für eine Frau ist, die ihn da berührt. Dann müsste er doch merken, nicht zuletzt an ihren ausgesprochen zwielichtigen erotischen Gesten, dass sie eine stadtbekannte Sünderin ist ..."

Zweifellos ein offener Mann, dieser Simon, äußerlich jedenfalls. Aber im Inneren hat er seine festen Prinzipien und Maßstäbe. Er urteilt über andere, die er zu kennen glaubt. Er ist sich sicher, dass die Freunde, die er eingeladen hat, darunter vielleicht auch die Honoratioren der Stadt, seine Maßstäbe teilen. Und dass es gar nicht anders sein kann, als dass ihre Maßstäbe zugleich auch die Maßstäbe der Heiligen Schrift, der biblischen Gebote, dass es die Maßstäbe Gottes sind. Er urteilt und verurteilt.

Von diesem Simon wird nicht nur erzählt, weil er ein typischer Pharisäer wäre, ein gesetzestreuer und schriftkundiger Jude, sondern weil er ein typischer religiös und moralisch verantwortlich denkender Mensch ist: gastfrei, offen für andere, interessiert am Gespräch, aber auch bemüht, Sitte und Moral hochzuhalten. Von ihm wird erzählt, weil wohl auch wir oft sind wie er: scheinbar offen und geistig beweglich, und dann dennoch von eigenen inneren Grenzen bestimmt, die wir schwer überspringen können; von Grenzen, die unseren Glauben, unser Weltbild, unsere Moral vor Diffusion bewahren; Grenzen, die wir vielleicht brauchen – die aber anderen schaden können.

2. *Die zweite Person, die in unseren Blick tritt, ist die Frau.* Sie hat hier im Lukasevangelium keinen Namen. Nur dass sie eine „Sünderin“ ist, wird erzählt. Die spätere fromme Fantasie wird sie mit Maria Magdalena identifizieren. Noch immer scheint diese Fantasie die Romanschriftsteller heute zu beflügeln. Hier ist sie eine für Jesus jedenfalls fremde Frau. Die Ortsansässigen dagegen kennen sie zur Genüge. Sie kennen deren Skandalgeschichten. Oft hat sie im Mittelpunkt des Ortsklatschs gestanden: ihr Wohlstand, ihre Freizügigkeit gegenüber Männern, auf welch zweifelhaftem Wege sie ihr Vermögen erworben hat. Manche mögen sie heimlich bewundern, aber offiziell ist man sich einig: Eine solche Sünderin wird abgelehnt ...

Selbstbewusst bricht sie in die Männerrunde ein. Simon hat sie nicht eingeladen. Aber sie fühlt sich dennoch innerlich genötigt, Jesus zu begegnen. Sie hat von ihm so viel gehört, was sie bewegt. Auch jetzt wieder umgibt sie ein Flair von Luxus, sie bringt teures duftendes Salböl mit. Sie nähert sich Jesus von hinten und beginnt, seine Füße mit ihren Tränen zu benetzen, mit ihren Haaren zu trocknen, sie zu küssen und mit dem wohlriechenden Öl zu salben. Sie redet kein Wort, doch was sie tut spricht Bände. Sie ist offensichtlich ganz außer sich, überwältigt, aufgelöst. Sie hat die Regeln der Distanz, der bürgerlichen Höflichkeit vergessen. So viel bedeutet ihr dieser Jesus. Es sind überaus zweifelhafte Gesten, die sie vollzieht: sie demütigt sich, spielt vielleicht auch ein wenig Gastgeberin, aber es sind auch Gesten der Liebe, wenn man so will: auch der Erotik. „Typisch, denn mit solchen Gesten kennt sie sich aus“, mögen die Beobachter denken. Und: „Ist die denn wahnsinnig geworden, sich in einer solchen Runde so zweifelhaft aufzuführen?“

Was die Männerrunde ignoriert, sind dabei die Tränen. Was die Eingeladenen nicht sehen, ist, wie es tief in der Frau, in ihrem Herzen aussehen mag. Was sie nicht spüren, ist ihr Motiv, ihre Liebe zu Jesus, hinter der vieles stehen mag: das Empfinden eigener Schuld, die Leere des bisherigen Lebens, der Wunsch nach einem Neubeginn, nach Anerkennung trotz alledem, was gewesen ist, nach Verständnis und Zuwendung ... Sie hat selbst wohl noch gar keine verbale Sprache für das, was sie umtreibt, sondern nur das tiefe Gefühl, dass das, was sie ersehnt, mit diesem Jesus nahegekommen ist.

Von dieser Frau wird nicht nur erzählt, weil in der Erinnerung an Jesus diese eine Geschichte in den Evangelien in mehreren Varianten berichtet wird und weil sie so gesehen wohl tief verbürgt ist. Von ihr wird auch erzählt, weil es immer wieder solche Menschen gibt, die von einer Sehnsucht nach Veränderung umgetrieben werden, von Menschen, die nicht länger einen unsichtbaren Stempel des Abgelehnt-Werdens mit sich herumtragen wollen, Ausgeschlossene, Stigmatisierte, oft auch durch eigene Schuld auffällig Gewordene, Menschen, die scheinbar ohne Moral und ohne Glauben sind. Von ihr wird erzählt, weil es Leute gibt, die über ihren Glauben kaum reden können, aber die ihn handelnd ausdrücken, vielleicht in ordentlichen Ritualen, vielleicht aber auch in merkwürdigen anstößigen Handlungen, die anderen vorkommen wie übertriebene religiöse Exaltiertheit, vielleicht auch Magie oder Spinnerei. Von ihr wird erzählt, weil man natürlich erwartet, dass Jesus gegen so etwas einschreitet – und solche Menschen zur Ordnung ruft. Aber genau das tut er nicht.

3. *Und damit sind wir bei der dritten Person: bei Jesus.* Zunächst muss man nüchtern feststellen, dass sich Jesus die Liebe dieser Frau gefallen lässt, auch die Küsse, die körperliche Berührung, das duftende Öl. Vielleicht genießt er es sogar. Warum eigentlich nicht? Jesus war – nach altkirchlicher Lehre – als Gottessohn ein wirklicher Mensch. Auch wenn Jesus keine Partnerin hatte und sich wohl bewusst für die Ehelosigkeit entschieden haben mag: Es ist ja nirgendwo gesagt, dass er nicht gern mit Frauen zusammen war und dass er deren Nähe, die Häuslichkeit und vielleicht auch die eine oder andere Zärtlichkeit nicht genossen hätte. Erst spätere christliche Moralisten haben einen prinzipiellen Gegensatz zwischen Eros und Agape konstruiert und alles Sexuelle und Erotische der Sünde zugeordnet. Jesus ist anders. Er zeigt keine Berührungsängste, auch nicht einer Frau gegenüber, die einen zweifelhaften Ruf besitzt und die sich ihm exaltiert, aber auch zärtlich zuwendet.

Aber er ahnt natürlich, was jetzt in seinem Gastgeber und in der Männerrunde vorgeht. Und noch bevor ein anderer etwas sagt, eröffnet er die Diskussion mit einem Gleichnis von zwei Menschen, denen eine unterschiedlich große Schuld erlassen wird. Deren Sinn ist eindeutig, Simon, der Gastgeber, spricht es aus: „Wem viel geschenkt, wem viel vergeben wird, der wird mehr lieben als der, dem nur wenig geschenkt, dem nur wenig vergeben wurde." Und das, was im Grunde schon symbolisch stattgefunden hatte, als Jesus die Nähe der Frau und ihre Liebe und Hingabe zuließ, das sagt er ihr am Ende direkt zu: „Dir sind deine Sünden vergeben ... Dein Glaube hat dir geholfen; geh hin in Frieden!"

Was geschieht hier?

- Ermunterung zur Unmoral? Nein, Jesus spricht von den vielen Sünden dieser Frau. Er verschließt vor ihnen nicht die Augen. Aber er vergibt sie.
- Eine Aufforderung zu gefühlsbetonter demonstrativer Bußgesinnung als Vorbedingung für die Vergebung? Nein, denn ihre Gesten sind nicht nur unterwürfig-demütig, sondern auch zwiespältig und verwirrend.
- Eine Gleichmacherei in Sachen Schuld und Sünde? Nein, denn Jesus unterscheidet durchaus zwischen der Schuld der Frommen und Selbstgerechten und der von Außenseitern und Gesetzlosen.

Nein, was Jesus hier Wirklichkeit werden lässt, das ist nichts anderes als die unglaubliche und all unser Rechnen und unsere Grenzziehungen überschreitende Güte Gottes. Gott selber will sich nicht abfinden mit einer Grenze zwischen den Frommen, die an ihn glauben, zwischen den

Schriftgelehrten, die sich in der Tradition auskennen, und den anderen, die wegen ihrer Schuld, wegen ihres Nichtwissens, wegen ihres nie gelernten religiösen Alphabets, wegen ihres eher unkirchlichen Milieus, in dem sie zu Hause sind, von ihm weit weg zu sein scheinen. Sie liegen ihm mehr am Herzen, als sie ahnen. Er setzt keine engen Grenzen, wenn sie sich ihm annähern. Er akzeptiert als Glauben vielleicht schon eine Haltung, die uns eher zweifelhaft vorkommen mag. „Dein Glaube (!) hat dir geholfen", sagt Jesus zu dieser Frau, die kein Wort gesagt, aber sich ihm nonverbal zugewendet hat.

Wo verwickelt sich die Geschichte mit unseren persönlichen Lebensgeschichten? Vermutlich tragen viele von uns vor allem Züge des Pharisäers Simon: Man hält sich für offen für Begegnungen mit anderen – und dennoch wird man bestimmt von Grenzen, Urteilen über andere, Verurteilungen Fremder, die man nicht versteht.

Vielleicht ist es eine – wie wir denken – übertriebene Wundergläubigkeit, die uns problematisch erscheint, oder eine ekstatische Frömmigkeit, in der die Vernunft keinen Platz mehr hat. Vielleicht ist es eine uns abergläubisch anmutende Religiosität, wenn Fromme sich drängen, um den Sarg eines Heiligen zu berühren oder gar dessen heiligende Kraft in einem Wattebausch mit nach Hause zu tragen ...

Ganz gewiss steckt in dieser Geschichte der Appell, mit Urteilen gegen andere, vor allem mit frommen Urteilen und Verurteilungen anderer aufzuräumen. Und dennoch wäre es zu flach, wenn wir sie nur als Appell an unser Verhalten verstehen würden.

Sie will mehr und anderes sein als ein Appell. Sie ist eher so etwas wie ein ungewohnter Blick in den Himmel, in das Himmelreich. Sie erzählt, nach welchen Maßstäben Gott misst und handelt: nämlich nach dem Maßstab seiner umstürzenden Güte.

Und sie stellt dar, was dort geschieht, wo Jesus Christus heute mit dieser Gottesgüte gegenwärtig wird. Da entdecken auf einmal die Frommen, wie selbstgerecht und hart sie in all ihrer vermeintlichen Offenheit immer wieder urteilen. Und da stehen die am Rande, die an sich und an der Welt und an Gott Verzweifelten, auf einmal im Licht der Güte Gottes.

Ein solches Himmelsbild oder Gottesbild ist viel mehr als ein Appell. Nicht immer lässt sich gleich sagen, was solch ein Bild für mein tagtägliches Verhalten bedeutet. Es ist schwer, sich in der Welt der täglichen Urteile und Verurteilungen herauszuhalten und andere Maßstäbe zu setzen. Aber umso wichtiger ist es, solche Himmelsbilder von der umstürzenden Güte Gottes dennoch im Herzen zu tragen. Solche Bilder geben der Hoffnung Nahrung, dass das, was ist, noch nicht alles ist, dass Selbstgerechte und Fromme – auch du und ich – ihre Begrenzungen entdecken und umkehren können, und dass das, was kommt, in Kirche und Welt, immer wieder auch Erfahrungen mit solcher umstürzenden Güte sein können. Gott hört nicht auf, Menschen anzusehen, die keiner ansieht, sie anzureden, die niemand anspricht, und ihnen seinen Frieden zuzusprechen.

Lasst uns umkehren zu dieser Hoffnung und lasst uns aus solchen Hoffnungsbildern der Güte Gottes leben.

Amen

Befreit vom Zwang zur Vollkommenheit.

Predigt über Mk 6,1-6 im Gottesdienst zum Ende des Wintersemesters 2007/08 in der Nikolaikirche Leipzig

Liebe Gemeinde,

seit einigen Jahren ist das Wörtchen „cool“ zum Modewort geworden. Die Helden der Unterhaltungsindustrie sind meist coole Typen, die immer einen kühlen Kopf behalten, die keine Schwäche kennen und immer siegen. Sie wissen stets, wie man den Gegner am Ende austricksen kann. Cool zu sein – das prägt inzwischen nicht nur die Welt der Filme und Videoclips, sondern auch die Mode, das Schönheitsideal, viele persönliche Einstellungen im Leben. In vielen Situationen möchte man selbst ein cooler Typ sein und sich ebenso durch nichts erschüttern und verunsichern lassen.

Die großen Gestalten der Bibel sind keine coolen Typen. Man merkt es schon, dass die Bibel nicht in Hollywood geschrieben wurde. Denn die Geschichten, die hier erzählt werden, sind oft anders, dem wirklichen Leben viel ähnlicher:

- Elia, der kompromisslose Gottesstreiter, der uns fast unheimliche Kämpfer gegen heidnische Kulte und ein korruptes Königshaus, wird lebensmüde und will aufgeben.
- Paulus, der kluge Apostel, besitzt offenbar keine besondere Rednerbegabung und muss sich gegen Vorwürfe wehren, er würde durch seine ungenügende persönliche Ausstrahlung nicht die Vollmacht Christi repräsentieren.
- Und auch von vielen anderen – von Abraham, von Jakob, von Petrus – kennen wir deren Schwachstellen.

Die Helden der Bibel sind anders. Sie sind oft keine coolen Typen. Sie sind keine Kunstprodukte, sondern stammen aus dem wirklichen Leben. Und es gehört für mich zur besonders glaubwürdigen Seite der biblischen Texte, dass man Berichte von Situationen der Schwäche bei den Großen des Glaubens nicht im Laufe der Überlieferung getilgt hat, sondern dass sie man sie stehengelassen hat. Das gilt auch für das, was uns die Bibel von Jesus berichtet (Lesung des Textes).

Auch Jesus wird hier sehr menschlich gezeigt, gar nicht cool. Wir erfahren etwas von seinem Beruf – er war Zimmermann wie sein Vater, von seinen Geschwistern, von seinem Elternhaus. Und wir hören etwas von der kleinkarierten Eifersucht, die in einem Nest wie Nazareth ebenso zu Hause war wie in mancher anderen Kleinstadt heute. Wir sehen, wie sich die Leute ärgern, dass einer von ihnen aus dem Rahmen fällt und über eine besondere Weisheit in der Schriftauslegung oder über eine besondere Kraft zum Helfen und Heilen verfügen will. „Woher soll der denn das haben? Wir kennen den doch, diesen Jesus. Der kann doch nicht mehr können als unsere Kinder auch. Wahrscheinlich ist es frommer Betrug, was hier passiert, Scharlatanerie, Wichtigtuerei!“

„Ein Prophet gilt nichts in seinem Vaterland“, sagt Jesus nach dieser Erfahrung in seiner Heimatstadt. Der „Vaterlands“-Begriff hat eine ganz eigene Geschichte in Deutschland erlebt. Oft diente er zur nationalistischen Glorifizierung der Heimat. Wir haben ihn uns deshalb fast abgewöhnt – was er ja eigentlich nicht verdient hat. Hier steht er für etwas ganz anderes: für gebündeltes

Misstrauen, für Ablehnung. „Heimat" oder „Vaterland" – das kann manchmal auch eng, kleinkariert und feindselig klingen, so wie in unserer Geschichte.

Und dann heißt es in ihr weiter: „Und er – Jesus – konnte dort nicht eine einzige Tat tun, außer dass er wenigen Kranken die Hände auflegte …" Er konnte dort nicht eine einzige Tat tun – der Sohn Gottes. Er konnte nicht – der Messias. Wie peinlich. Er war offenbar wie gelähmt. Kein cooler Typ. Ein richtiger Held hätte vermutlich die Stimmen des Misstrauens durch ein massives Wunder ein für allemal zum Verstummen gebracht. Jesus aber „konnte dort nicht eine einzige Tat tun."

Passt diese Geschichte, nach dem Bibelleseplan für den Morgen dieses Tages gedacht, in einen Gottesdienst am Semesterschluss? Hat sie uns denn in einem solchen Kontext etwas zu sagen? Ich denke: Ja, sie hat uns gerade hier, gerade in einer solchen Situation, etwas zu sagen. Sie hat uns etwas zu sagen im Blick auf unser Selbstbild und im Blick auf unser Gottesbild.

1. Zunächst zum *Selbstbild.*

In diesen Tagen geht wieder einmal ein Lebensabschnitt zu Ende: ein Semester, eine Zeit des Lernens und der Prüfungen, für manchen auch die Zeit des Studiums überhaupt mit dem Examen am Ende. Sie, liebe Studentinnen und Studenten, haben dabei auch mit sich selbst wieder wichtige Erfahrungen gesammelt – gute, aber auch schwierige:

- Vermutlich sind Sie vielem Neuen begegnet. Vielleicht wissen Sie jetzt in einem Gebiet viel besser Bescheid als vorher, und Sie haben eine sehr gute Note in der letzten Prüfung erhalten.
- Aber vielleicht sind Sie im Studium auch irgendwo tief verunsichert worden. Vielleicht sind Sie froh, dass das eine Seminar zu Ende ist, in dem Sie dauernd Angst hatten, etwas Falsches zu sagen. Oder vielleicht sind Sie in einer Prüfung eingebrochen, und Sie ärgern sich noch heute, dass Sie alles das, was Sie wussten, im entscheidenden Moment nicht sagen konnten. Sie waren nicht cool, jedenfalls nicht immer.

Es ist klar: Auch im Studium haben wir manchmal mit Situationen zu tun, die uns eher lähmen und hindern als fördern und ermutigen. Sie beginnen manchmal schon im Äußeren: Wenn die Plätze nicht reichen, um ordentlich zuhören und mitschreiben zu können. Aber sie betreffen vor allem das Innere: wie man seine Kommilitonen erlebt, die Dozentinnen und Dozenten, ob man ermutigt und geachtet wird, ob einem etwas zugetraut wird und ob man für Sie offen ist – oder ob man Ihnen eher mit Misstrauen, vielleicht gar Zynismus begegnet. Nazareth-Situationen gibt es überall, auch in Leipzig. Und sie enden dann meist damit, dass Menschen nicht das entfalten können, was in ihnen steckt, und dass ihnen in einer Prüfung nicht einfällt, was sie eigentlich wissen.

„Er konnte dort nicht eine einzige Tat tun": Dieser kleine Satz in unserer Geschichte erzählt etwas unendlich Entlastendes: Es darf Situationen geben, in denen ich einmal nicht überlegen reagiere, in denen ich nicht alles zeigen kann, was ich draufhabe, Momente, in denen ich versage. Menschen sind keine Maschinen, die auf Knopfdruck alles abspulen, wofür man sie irgendwann einmal programmiert hat. Sie sind kommunikative Wesen, begabt mit einem Sensorium der

Wahrnehmung. Sie reagieren auf ihr Gegenüber. Sie brauchen, um dauerhaft etwas leisten zu können, auch eine bestimmte Atmosphäre, die ihnen gut tut.
Wenn Sie das an sich selbst – vielleicht gerade durch ein persönliches Versagen – erlebt haben, dann haben Sie nicht nur eine Schwäche an sich selbst wahrgenommen, sondern vielleicht gerade etwas von ihrem Menschsein, von einem Menschsein, das auch Jesu Leben geprägt hat.

„Er konnte dort nicht eine einzige Tat tun." Unsere Geschichte will uns befreien vom Zwang zur ständigen Stärke, zum immerwährenden Sieg. Sie will uns befreien von einem Selbstbild, das vielleicht tief in unsere Seele eingegraben ist, immer stark und vollkommen und unempfindlich-cool sein zu müssen.

2. Die Geschichte hat aber auch etwas mit unserem *Gottesbild* zu tun. Mit dem Gottesbild?
Von Gott ist hier zwar nicht direkt die Rede, wohl aber von dem Menschen, der am Wesen Gottes Anteil hat: von Jesus, dem Christus. Indirekt erzählt unsere Geschichte damit von einem besonderen Gott:

- nicht von einem, der zur Projektionsfläche für alle menschlichen Sehnsüchte nach Stärke und Allmacht geworden ist,
- sondern von einem Gott, der anders ist: der nicht unempfindlich ist gegenüber Ablehnung, sondern empfindlich; der nicht cool seine Wunder tut, wenn andere ihm mit Hass begegnen, sondern der darauf sensibel reagiert.

Ganz schwach wird in dieser Geschichte schon etwas angedeutet von einem Gott, der sich gefangen nehmen lassen wird; der zusehen wird, wie die Jünger weglaufen und ihn verraten; der sich anspucken und foltern lassen wird und der nicht Gleiches mit Gleichem vergelten wird; von einem Gott, der sich ans Kreuz nageln lassen und einen qualvollen Tod sterben wird. Es ist ein besonderer Gott, von dem die Bibel erzählt. Das Symbol des Kreuzes hält zeichenartig diese besondere Seite Gottes, seine Verwundbarkeit, seine Hingabebereitschaft aus Liebe, seinen Weg in Leid und Tod fest.

Auch in diesem zu Ende gehenden Semester sind die Auseinandersetzungen im Blick auf das neue Hauptgebäude der Universität mit Aula und Kirche weiter gegangen. Der Stand der Bauarbeiten zeigt: Es werden nun Tatsachen geschaffen in Glas und Beton. Es ist – Gott sei Dank – unstrittig, dass dabei ein Kirchenraum entstehen wird. Umstritten ist nur, wie und ob er vom Schiff, vom Aula-Bereich abgegrenzt und wie er ausgestaltet wird. Bei allem Streit und bei aller Enttäuschung, die daraus oft erwächst, sollten wir dabei die Hauptsache nicht übersehen: Die neue Universität wird in ihrem Herzen einen Kirchenraum haben. Es wird ein Raum sein, in dessen Zentrum auf jeden Fall ein Kreuz, das Zeichen dieses besonderen Gottes stehen wird. Gehört das in eine Universität? Und wenn ja: Was bedeutet das im Zentrum einer Hochschule?

- Es wird in einer Universität, die natürlich auf hohe wissenschaftliche Leistung orientiert arbeiten muss, zugleich auf eine Grenze aller menschlichen Bewertungen und Bewertungsmaßstäbe verweisen.
- Es wird in einem Raum der harten Konkurrenz um Ansehen und Karriere, dort, wo Durchsetzungsvermögen und Stärke gefragt sind, auf eine noch wichtigere Lebensdimension

verweisen, ohne die wir selbst und unsere Welt nicht existieren würden: auf die Dimension der Hingabe und Liebe.

- Es wird an einem zentralen Ort der hochkarätigen intellektuellen Debatten über Gott und die Welt dazu einladen, gelegentlich auch einmal still zu werden und zu schweigen, die Hände zu falten und Gott die Ehre zu geben, oft auch in musikalischer Form.

Im neuen Zentrum unserer Universität wird nicht das Heldendenkmal eines martialischen Heerführers, eines fremden Fürsten aus grauer Vorzeit oder eines immer coolen Wissenschaftsmanagers unserer Tage stehen, sondern das Kreuz dieses besonderen Gottes, des Vaters Jesu Christi. Das ist eine Chance – nicht nur für den Universitätsgottesdienst oder die Theologische Fakultät, sondern für die ganze Universität. Denn wo dieses Zeichen gesehen und seine Botschaft gehört wird,

- dort können Menschen freikommen von Zwängen zur Vollkommenheit und Allmacht;
- dort werden die Kräfte ermutigt, die nach menschengerechten Wegen in modernen Großinstitutionen, auch in Forschung und Lehre einer Universität, suchen;
- dort wird man nicht nur nach dem Erfolg, sondern auch nach dem Sinn, nach den Chancen der Wissenschaft, aber auch nach ihren Grenzen fragen.

Liebe Gemeinde, Jesus ist kein cooler Typ. Weder in unserer Geschichte von heute noch in seinem weiteren Lebensweg. Er kann es nicht sein, weil kalte Unempfindlichkeit dem Wesen Gottes letztlich widerspricht. Luther hat für das Wesen Gottes ein ganz anderes Bild gebraucht als das Modewort „cool“. Er hat einmal davon gesprochen, dass man sich Gott eher vorstellen sollte wie einen ganzen „Backofen voller Liebe“. Ich finde das ein tolles Bild: ein Backofen voller Liebe. In mancher alten Bäckerei kann man vielleicht noch einen solchen Ofen sehen, in dem alle möglichen Kostbarkeiten entstehen, und man kann den Duft schon riechen, dass einem das Wasser schon im Munde zusammenläuft. Von ihm, von Gott, geht kein cooler Kältestrom aus, sondern ein Wärmestrom der Hingabe und der Annahme.

Vielleicht waren unsere Erfahrungen nicht umsonst, wo wir etwas nicht konnten – so wie Jesus damals. Wo wir eingebrochen sind und schwach waren, nicht clever und cool. Es kann sein, dass man da erst so recht entdeckt, wie unendlich wichtig und wie unglaublich kostbar es ist, dass es nicht nur die Macht der kühlen Durchsetzungskraft gibt, auf die sich Menschen verlassen, sondern auch die Kraft, die aus dem „Backofen voller Liebe“ kommt.

Amen

Trost als Gestalt der Hoffnung.

Predigt über 2. Kor 1,3-10 am Sonntag Lätare 2010 in der Thomaskirche Leipzig

Liebe Gemeinde,
Bei diesem Bibelwort muss man nicht lange suchen, um das Leitwort, um den Hauptgedanken herauszufinden: das Wort Trost.

Trost. Wenn heute in wissenschaftlichen Untersuchungen Menschen danach gefragt werden, was sie von der Kirche erwarten, dann rangiert der Begriff „Trost" ganz weit vorn. Auch viele Nichtchristen akzeptieren es, dass es Menschen gibt, die aus dem Glauben Halt und Trost für ihr Leben beziehen. Sie akzeptieren es, auch wenn sie selbst zu diesem Trost keinen Zugang haben.

Trost. Trost braucht wohl jeder Mensch. Trost braucht schon das Mädchen im Kindergarten, das ausgerutscht ist und sich das Knie aufgeschlagen hat. Trost braucht der Junge im 2. Schuljahr, dem die Klassenarbeit danebengegangen ist. Trost braucht die Kollegin, die sich um die Ehe ihrer Tochter sorgt und die doch nichts ändern kann. Trost braucht die ältere Dame, wenn die rheumatischen Entzündungen in der Schulter ihr wieder solche Schmerzen verursachen. Trost braucht der Mann in den besten Jahren, der unfreiwillig in einen Konflikt hineingeraten ist und der schwer enttäuscht ist von Menschen, auf die er sich bisher verlassen hatte. Trost braucht jeder.

Oft sind es Worte, die uns trösten. Worte von Menschen, die wir schätzen und lieben. Worte von Menschen, die ebenfalls manches Leid durchleben mussten. Oft sind es nicht nur Worte. Trost: Das kann auch eine Umarmung sein, ein Kuss, ein Geschenk. Es kann Musik sein, die die Schmerzen vertreibt, ein hilfreicher Spruch, der uns aus dem Tal der Depression heraushilft.

Von welchem Trost ist in unserem Bibelwort die Rede? Die Begriffe „Trost" bzw. „trösten" kommen in diesen Versen zehnmal vor: „Gelobt sei Gott,... der Vater der Barmherzigkeit und Gott allen Trostes, der uns tröstet in aller unserer Trübsal ..." Von welcher Art des Trostes redet der Apostel hier?

Wichtig ist mir zunächst der Ausdruck „der Gott allen Trostes". Das heißt doch, dass aller wirkliche Trost, der Menschen erreicht – also nicht billige Worte, nicht gut gemeinte Lügen oder bloße Beschwichtigungen – dass aller vollmächtige und wirksame Trost, der Menschen aufrichtet und ermutigt, auch dich und mich, von Gott kommt. Das heißt doch, dass jede Umarmung, jeder Kuss, jedes gute Gespräch, jedes Mut machende Zeichen sein Geschenk an uns ist. Es geht also nicht um einen Gegensatz zwischen menschlichem Trost, den vielleicht Christen nicht nötig hätten, und einem ganz anderen göttlichen Trost, nach dem alleine sie sich ausstrecken sollten. Nein, wir sollten allen denen danken, die uns in ihrer menschlichen Weise getröstet haben und trösten. Und wir sollten Gott dafür danken, dass er uns solche Menschen gibt.

Aber der Apostel Paulus preist Gott, weil er selbst erlebt hat, dass Gott über diese vielfältigen menschlichen Formen des Trostes hinaus noch in anderer, tieferer, in geistlicher Weise tröstet. Von welchem Trost ist die Rede?

Das erste, das Paulus wichtig ist, heißt: *Gott tröstet in aller Trübsal*, in der Bedrängnis aller Art, in der Depression, im schlimmsten Leid. Gott kann trösten, wo wir als Tröster an unsere Grenzen stoßen. Gott tröstet, wenn Menschen keinen Lebensmut mehr haben und wenn sie das Gefühl haben, dass sie das, was ihnen auferlegt ist, nicht mehr tragen können. Am Ende unseres Predigttextes erzählt das nämlich Paulus von sich: „Wir wollen euch die Bedrängnis nicht verschweigen, die uns … widerfahren ist, wo wir über die Maßen beschwert waren und über unsere Kraft, so dass wir auch am Leben verzagten und es bei uns selbst beschlossen hielten, wir müssten sterben.“ Es ist ein tiefes Tal, das der Apostel durchschreiten muss. Die Bibel-Fachleute wissen nicht genau, was es gewesen sein mag: schlimme Anfeindungen, eine massive physische Erkrankung, verbunden mit einer tiefen Depression ...? Wie auch immer: Paulus war ganz unten. Er war am Ende. Am Ende mit seiner Hoffnung, am Ende mit seinen Plänen, am Ende mit sich selbst.

Das Christentum sei eine Trostreligion, hat der große Philosoph Georg Friedrich Wilhelm Hegel gesagt. Und vielleicht hat er Recht damit, dass es mehr als andere Religionen in der Lage ist, alle einzuladen, die ebenfalls ganz unten sind, „die in allerlei Trübsal sind“ – um es mit Paulus auszudrücken. Für Gott gibt es keinerlei Vorauswahl. Zu ihm kann jeder und jede kommen, die an irgendeine Grenze gekommen ist und die nicht weiter weiß. Für ihn ist keine Enttäuschung zu tief, kein Schmerz zu massiv, kein Konflikt zu kompliziert, als dass er sich nicht auf den Menschen einlassen könnte, der in dieser Not steckt und keinen Ausweg sieht.

Gott tröstet in solcher „Trübsal“, indem er Menschen gerade hier als der Christus begegnet, als der, der selbst schlimme Leiden erträgt, als der, der dort ist, wo Menschen am Ende sind, ganz unten, am Ende mit ihren Plänen, am Ende mit ihrer Kraft, am Ende mit sich selbst. „Denn wie die Leiden Christi reichlich über uns kommen, so werden wir auch reichlich getröstet durch Christus.“ Leid isoliert. Schlimme Schmerzen lassen uns nur noch um uns selbst kreisen. Christus bricht diese Isolation auf und stellt sich neben die, die leiden, mit seinem Leid.

Das ist nicht abstrakte Theologie, wie man vielleicht einwenden könnte, sondern reale geistliche Erfahrung: Ich denke an eine alte Frau in meiner ersten Gemeinde. Ich besuchte sie manchmal in ihrer bescheidenen Wohnung. Meist lag sie auf ihrem Bett, halb blind und altersschwach. Über dem Bett an der Wand war ein Bild des Turiner Grabtuches mit dem Antlitz des Gekreuzigten befestigt. „Der kennt mich, der weiß, wie mir es geht“, so sagte sie.

Gott tröstet auch dich und mich in aller unserer Trübsal, indem er uns in unserem Leid, dort, wo wir an Grenzen stoßen und wo wir nicht weiterwissen, als der Christus begegnet, als der, der die Isolation der Trübsale aller Art aufbricht, der sich unserer Not annimmt. „Der kennt uns. Der weiß, wie es uns geht“, so die Erfahrung der Frau.

Wie tröstet Gott? Das zweite, das Paulus wichtig ist: Gott tröstet, *damit andere getröstet werden* können: „Gelobt sei Gott, der … Gott allen Trostes, der uns tröstet in aller unserer Trübsal, damit wir auch trösten können, die in allerlei Trübsal sind …“ Ein Geheimnis dieses Gottestrostes besteht darin, dass Menschen, die selbst Schweres durchzumachen hatten, gerade dadurch befähigt werden können, nun auch anderen beizustehen. Gott tröstet, indem er Menschen Mut macht, nun auch andere zu trösten. Er gibt ihnen neuen Lebenssinn, indem er ihnen Personen zeigt, denen sie beistehen und für die sie da sein können.

Dieser Zusammenhang von eigener Lebenszuversicht und Dasein für andere ist nicht unproblematisch. Der Tiefenpsychologe Wolfgang Schmidbauer hat vor vielen Jahren schon die

These von den „Hilflosen Helfern“ aufgestellt. Hilflose Helfer sind solche Menschen, die ihre eigene seelische Leere dadurch verdecken, dass sie sich permanent um andere kümmern müssen. Solche Tröster neigen dazu, ihre eigenen Kräfte zu überschätzen. Sie verausgaben sich. Und sie machen oft andere von sich durch Betreuung und Fürsorge abhängig. Das meint freilich Paulus nicht, wenn er den Zusammenhang von Getröstetwerden und Trösten beschreibt. Gott tröstet uns in aller unserer Trübsal – nicht: *indem* wir andere trösten, sondern *damit* wir andere trösten.

So sehr einzelne Menschen immer wieder dazu neigen mögen, zum „Hilflosen Helfer“ zu werden, so sehr ist aber nun auch das andere wahr: Das eigene Leid kann sensibel machen für das Leid anderer. Weil man selbst den Verlust eines lieben Menschen, das Zerbrechen einer Beziehung, körperlichen und seelischen Schmerz erfahren hat, will und kann man denen besonders kompetent beistehen, die jetzt Ähnliches durchmachen. Dieser Zusammenhang ist ein ur-menschlicher Zusammenhang. Auch Gott nutzt ihn für seine Tröstungen, die er Menschen zukommen lässt. Es wäre fatal, wenn psychologische Thesen, zum Klischee verkürzt, heute dazu missbraucht werden, den eigenen Egoismus zu pflegen – nach dem Motto: „Wer anderen hilft, der wird vermutlich von einem fatalen Helfersyndrom gesteuert. Ich bin davon frei.“ Mir scheint, dass sich zunehmend Menschen vom Helfen mit solchen scheinbar wissenschaftlichen Sprüchen dispensieren.

Gottes Trost steht dagegen. Wo ihn Menschen erfahren, dort nimmt er sie mit hinein in eine Trostgemeinschaft, in der Trost – neue Zuversicht, neu empfangene Kraft, eine neu geschenkte Lebenszeit – nicht nur für sie selbst da ist, sondern auch für andere.

Wie tröstet Gott? Schließlich das Dritte, das Paulus wichtig ist: Gott tröstet, *indem er Geduld schenkt im Leid:* „Haben wir Trost, so geschieht es zu eurem Trost, der sich wirksam erweist, wenn ihr mit Geduld dieselben Leiden ertragt, die auch wir leiden.“ Die Geduld ist hierbei nicht nur eine psychische Kraft, die man hat oder die man nicht hat:

- Sie wächst im Blick auf den leidenden Menschen neben uns.
- Sie wird kräftiger im Blick auf die Geduld Jesu in seinem Leiden.
- Und sie bekommt einen langen Atem, weil sie mit einem Gott rechnet, der nicht nur in Christus mit den Menschen mitleidet, sondern der Jesus Christus auferweckt hat.

„Das geschah aber“ – so schreibt Paulus im Blick auf seinen Tiefpunkt, als er „am Leben verzagte“: „damit wir unser Vertrauen nicht auf uns selbst setzten, sondern auf Gott, der die Toten auferweckt, der uns aus solcher Todesnot errettet hat und erretten wird.“

Gott tröstet, indem er manches Leid beendet und aus Trübsalen aller Art herausrettet. Aber er tröstet auch, indem er eine weite Perspektive eröffnet: Wir Menschen dürfen wissen – du und ich: Dem Leid wird Zeit, aber nicht die Ewigkeit überlassen. Gott rettet, zeichenhaft schon jetzt, ganz und gar aber am Ende der Tage. Die Zukunft der Welt ist nicht offen, sondern schon definiert – nicht durch das Böse, das Dunkle, das Leid, durch die großen Trübsale ohne Ende, sondern durch Gott, der die Toten auferweckt. Am Ende steht der Trost, am Ende steht der Gott mit dem Antlitz des Gekreuzigten und Auferstandenen.

Liebe Gemeinde, wie tröstet Gott? Alle diese Formen des Trostes Gottes stimmen in einem überein: Gott tröstet, indem er die Isolation des leidenden Menschen durchbricht, indem er den Käfig einer Seele öffnet, die fixiert ist auf das eigene Leid.

Gott tröstet, indem er den Unglauben beendet, da wäre niemand, der einen verstehen und begleiten kann im Leid. Er tröstet, indem er in Christus neben uns tritt, so weit unten wir auch immer sein mögen.

Gott tröstet, indem er Menschen aufeinander zu bewegt und sie zu Boten des Trostes macht – durch Worte und Taten.

Gott tröstet, indem er Menschen eine Hoffnung ins Herz pflanzt, die durch die Trübsale jetzt hindurchblicken lässt auf eine große gute Kraft, die längst am Werk ist in dieser Welt, und die am Ende alles in allem sein wird.

„Trost" hängt sprachlich eng zusammen mit Vertrauen. Getröstete Menschen fassen wieder neu Vertrauen in das Leben. Sie lassen sich durch das Leid nicht mehr fesseln. Sie richten sich wieder auf. Sie erheben wieder ihr Haupt. Sie sehen wieder nach vorn.

Bei unserer Taufe sind wir diesem tröstenden Gott längst begegnet. Die Taufe des kleinen Jungen, die wir heute miterlebt haben, kann uns daran erinnern. Und viele von uns werden darüber hinaus etwas von diesem Trost Gottes zeichenhaft in ihrem Leben erfahren haben.

Deshalb ist es angemessen, wenn wir über die Art und Weise von Gottes Trost nicht nur distanziert *nachdenken,* sondern wenn wir darüber – mit Paulus – in einen Lobpreis, in ein *Loblied* einstimmen und Gott dafür *danken*: „Gelobt sei Gott, der Vater unseres Herrn Jesus Christus, der Vater der Barmherzigkeit und Gott allen Trostes …"

Und deshalb ist es angemessen, wenn wir uns vom Namen dieses Sonntags „Lätare" – freue dich! – auffordern lassen: Freue dich, dass du in allem Dunklen deines Lebens nicht verloren und vergessen bist! Freue dich, dass dir Gott mit seinem Trost nahe ist!

Amen

Österliche Hoffnung in uns verändert das Leben.

Predigt über Joh 11,1-7.17-27 am Sonntag Quasimodogeniti 2010 im Universitätsgottesdienst in der Nikolaikirche Leipzig[10]

Liebe Gemeinde,
das ist eine besondere Ostergeschichte, die uns der Evangelist Johannes überliefert hat: Da ereignet sich Österliches schon vor Ostern. Da geschieht die Auferstehung nicht nur an Jesus, an dem am Kreuz Gestorbenen, sondern da kommt sie als eine erfahrbare Wirklichkeit auch zu anderen Menschen. Da spielt sich Ostern, Österliches nicht nur an einem fernen Grab damals in Jerusalem ab oder damals in Galiläa, sondern in einem kleinen privaten Alltag von alltäglichen Menschen. Und wenn die Ausleger nicht irren, dann erzählt uns Johannes wohl vor allem deswegen diese Geschichte, damit wir „Ostern", „Auferstehung", „Auferweckung" nicht nur als unglaubliche Vokabeln aus einer fernen Vergangenheit, aus einer unerreichbar fernen Gotteswelt verstehen oder aus einer unwirklichen Welt der religiösen Mythen, sondern als etwas, das sich mitten unter uns ereignen kann – gestern, heute oder morgen. Es ist bei dieser und bei vielen anderen Geschichten des Johannes-Evangeliums deshalb auch offen, wo der historische Bericht endet und wo der symbolische Sinn beginnt. Beide Ebenen sind miteinander verschränkt, so dass man sie nicht säuberlich voneinander trennen kann.

Von Geschwistern wird erzählt, die zusammen in einem Haushalt leben:

- Von Maria, der emotional bewegten und hingebungsvollen Frau. Von ihr berichtet Johannes ein Kapitel später, wie sie Jesus kurz vor seiner Verhaftung mit einer Menge kostbarster Salbe salben und mit ihrem Haar seine Füße trocknen wird. Eine Frau, die tut, was ihr das Herz vorschreibt – auch wenn sie dabei die Grenzen der Schicklichkeit verletzt.
- Und von Marta wird erzählt, von der Praktischen unter den Geschwistern, die den Haushalt in Schwung hält, die kocht, die bewirtet und die sich praktisch sorgt. Sie erfasst immer das, was jetzt, im Augenblick, zu tun ist.
- Und schließlich auch von Lazarus, von ihrem Bruder, der von einer schlimmen Krankheit heimgesucht worden ist.

Eine völlig alltägliche Situation. In jedem Alltag gibt es viele Gründe, sich ernsthaft zu sorgen. Mit dieser Krankheit ist offenbar nicht zu spaßen. Deshalb senden die beiden Schwestern eine Botschaft zu Jesus, damit er kommt und hilft: „Herr, siehe, der, den du lieb hast, liegt krank!" Er hat ja immer wieder Kranken und Behinderten beigestanden. Vielen von ihnen konnte er helfen. Wie gut, wenn er jetzt da wäre! Keine Frage, dass er auch jetzt dem Lazarus helfen würde, ihm, mit dem er so eng befreundet ist.

Es gibt 1000 Gründe, sich zu sorgen. In dem einen Fall ist es die körperliche Krankheit eines Menschen, die den Lebensraum immer mehr einengt, eine Krankheit, gegen die es offenbar keine

[10] Die Predigt war Teil einer Predigtreihe zum Johannesevangelium im Sommersemester 2010, die unter dem Thema „Hingabe als Lebensgewinn" stand.

medizinischen Mittel mehr gibt, eine Krankheit, die sogar zum Tod führen kann. In dem anderen Fall ist es eher ein psychisches Leiden – eine depressive Neigung, die Dinge stets nur negativ zu sehen und sich nichts mehr zuzutrauen; ein böses Ereignis, das in einem Menschen immer wieder hochkommt und das mit massiven Ängsten verbunden ist. Es gibt 1000 Gründe sich zu sorgen: um die Entwicklung der Kinder; um die latenten Konflikte in der eigenen Ehe und Familie; um eine Gesellschaft, die langsam demokratieüberdrüssig zu werden scheint; um eine Kirche, deren Glaubwürdigkeit bedroht ist durch die vielen Missbrauchsfälle; um die Zukunft einer Welt, die sich ihrer eigenen Lebensgrundlagen beraubt … Es ist doch nur vernünftig, mehr als vernünftig, sich zu sorgen.

Wie viele Hiobsbotschaften erreichen uns eigentlich im Laufe eines normalen Tages? Es beginnt mit den Nachrichten aus der Zeitung, die wir vielleicht beim Frühstück lesen. Und es kommen alle Mitteilungen hinzu, die wir in Gesprächen mit den Kollegen oder Freunden im Laufe des Tages hören. Es ist unglaublich, welch eine Menge von Problemen uns im Laufe eines Tages erreicht und in unserem Gehirn abgespeichert wird. Ist es nicht so, dass eigentlich jeder Realist, der die Dinge sieht, wie sie sind, irgendwann einmal zum Depressiven oder zum Pessimisten werden muss? Wer kann denn diese Menge an Negativnachrichten aushalten, ohne Schaden zu nehmen? Schon unter Jugendlichen nehmen die psychischen Krankheiten deutlich zu, vermeldete neulich die Zeitung. Das scheint sehr verständlich: Denn woher soll eigentlich noch die Lebenshoffnung kommen, die wir dennoch brauchen, wenn wir leben wollen? Es gäbe 1000 Gründe, sich ständig an Jesus, an Gott, zu wenden und ihn um Hilfe zu bitten. So wie Maria und Marta es tun.

Jesus aber, der die Bitte der beiden Schwestern zur Kenntnis nimmt, hat es nicht eilig. Er hat in unserer Geschichte einen anderen Blick auf die Dinge, die Menschen – aus guten Gründen – höchst besorgt stimmen können: „Diese Krankheit ist nicht zum Tode, sondern zur Verherrlichung Gottes …" Aber als Jesus endlich bei den Geschwistern eintrifft, ist Lazarus bereits gestorben und begraben. Die Trauerfeierlichkeiten sind noch im vollen Gange. Wie es scheint, ist Jesus zu spät gekommen.

Marta, die Nüchterne und die Realistin, überrascht Jesus mit einer irgendwie doppeldeutigen Rede. Einerseits macht sie Jesus Vorwürfe: „Herr, wärest du hier gewesen …" Es klingt so wie: „Hättest du dich ein bisschen beeilt!", oder: „Für alle die Fremden hast du Zeit, aber wenn wir dich einmal brauchen, bist du nicht da!" Andererseits fügt sie hinzu: „Aber auch jetzt weiß ich: Was du bittest von Gott, das wird dir Gott geben." Hinter ihrer Enttäuschung liegt noch ein irgendwie verrücktes Hoffnungspotential, das selbst der Tod ihres Bruders noch nicht völlig ausgelöscht hat: „Aber auch jetzt weiß ich noch etwas anderes. Du bist damit noch nicht zu Ende. Gott hat sein letztes Wort noch nicht gesprochen." Diese zugegebenermaßen verrückte Hoffnung der Marta, zunächst versteckt hinter Vorwürfen, hinter der Trauer um den Bruder, versteckt hinter der Enttäuschung über den Freund und hinter der Sorge, wie alles nun weitergehen soll, ist so etwas wie österliche Hoffnung, die in ihr aufkeimt: Was aussieht wie das Ende, muss noch nicht das Ende für Gott sein. Und diese österliche Hoffnung spricht Jesus ihr nun direkt zu: „Ich bin die Auferstehung und das Leben. Wer an mich glaubt, der wird leben, auch wenn er stirbt; und wer da lebt und glaubt an mich, der wird nimmermehr sterben."

Was ist mit diesem zentralen Wort Jesu gemeint? Klar ist, dass es Jesus hier nicht nur um die Perspektive nach dem Tod geht, um die Auferstehung irgendwann einmal, am Ende der Zeiten, um die „Auferstehung am Jüngsten Tage". Das ist und das bleibt die große Verheißung für die, die zu Gott gehören. Hier in der Geschichte geht es aber um Ostern und um Österliches schon jetzt. Schon jetzt begegnet Marta, die Frau mit ihrer schwankenden Hoffnung, mit ihrem Kummer und ihrer Sorge im Herzen, der Auferstehung und dem Leben: in Jesus Christus. Wer ihm begegnet, wer anfängt, ihm zu vertrauen, sich auf seine Zusagen zu verlassen, in dem fängt Ostern an, Realität zu werden. Der wird erfüllt von einer österlichen Hoffnung. Der gibt einer Hoffnung in sich Raum, die eigentlich ziemlich irre ist – angesichts des massiven Leids und der 1000 Probleme in unseren Hirnen und Herzen. „Wer an mich glaubt, der wird leben", sagt Jesus. „Der wird in solcher österlichen Hoffnung leben, die nicht unterzukriegen ist durch die Realitäten dieser Welt. Die nicht erstickt werden kann von Leid und Sorge."

Von einer solchen verrückten österlichen Hoffnung erzählt unsere Geschichte. Davon, wie sie Menschen zugesprochen wird und wie sie dann auch die Wirklichkeit spürbar prägen und verändern kann. Hier in der Geschichte bei Johannes wird das ausgedrückt durch die Auferweckung des Lazarus. Der schon im Grab gelegen hat, darf wieder ins Leben zurückkehren. Gemeint ist: Das, was solcher österlicher Glaube bewirkt, darf man sich in einzelnen Fällen auch einmal groß und aufregend vorstellen.

Österliches in uns kann die Wirklichkeit verändern: Wir fangen an, die vielen Zeichen des Lebens außerhalb unseres Gesichtskreises zu sehen. Wir kriegen einen Blick für die 1000 Wunder des Lebens neben den 1000 Sorgen. Die österliche Hoffnung wird zu einem Potential in uns, das Leben stiftet.

Immer wieder geistern durch den populärwissenschaftlichen Blätterwald unserer Tage Meldungen wie diese: „Lungenkrebs, kleinzellig – Heilungschancen gleich null. Marion Steiner ist 56, als die Ärzte sie mit dieser Diagnose konfrontieren – sie geben ihr noch ein Jahr. Die Chemotherapie bricht die Lehrerin ab, geht nach Hause und beschließt, nur noch zu tun, was ihr gefällt. Ihre letzten Monate zu genießen. Und der Krebs verschwindet. Ohne weitere Therapien. Heute, 15 Jahre später, gibt es keine Anzeichen mehr, die auf die frühere Tumorerkrankung hindeuten." Nicht alle diese Meldungen sind aus Sensationsgier erfunden. Manche sind ja wahr. Oft kennen wir selbst Menschen, die Ähnliches erfahren haben. Bei manchen spielten Gebete eine Rolle. Die Ärzte verweisen als Erklärung auf das Potential hoffnungsvoller, positiver Einstellung im Menschen: Unser Gehirn sei nicht nur zum Denken da, sondern auch dafür zuständig, dass der Körper gut funktioniere. Unser Gehirn halte – im Bilde gesprochen – so etwas wie interne Schmerzmittel und Medikamente parat. Positive Emotionen wie Hoffnung, Dankbarkeit, Freude und Liebe seien so etwas, und sie seien deshalb für die Gesundheit des Menschen ganz wichtig. Sie könnten Menschen gelegentlich sogar gesund machen und in Einzelfällen sogar Krebszellen bekämpfen. Inzwischen gibt es viele therapeutische Einrichtungen, die Menschen helfen wollen, „positiv zu denken", um Hoffnungspotentiale für ihr Leben zu entdecken und nutzbar zu machen.

„Wer an mich glaubt, der wird leben", sagt Jesus. Was die moderne Gesundheitsforschung herausgefunden hat, kann uns ein wenig helfen, dieses Wort Jesu zu verstehen. Aber wir sind als Christen nicht darauf angewiesen, alle Hoffnung subjektiv nur aus uns selbst nehmen zu müssen, wie das in solchen Therapieformen mit unterschiedlichem Erfolg versucht wird. Wir können uns öffnen für eine Hoffnung, die größer ist als unsere Erfahrungen und die einen objektiven Grund hat: die Auferstehung Jesu Christi von den Toten. Durch seine Auferweckung hat Gott selbst die Allmacht des Todes gebrochen. Kann es eine unglaublichere und verlässlichere Lebens-Hoffnung geben als das?

„Wer an mich glaubt, der wird leben", sagt Jesus. Das heißt doch dann auch: Aus dem Vertrauen auf den Gekreuzigten und Auferstandenen kann auch hier, mitten in unseren alltäglichen Verhältnissen, ein spürbares Hoffnungs- und Lebenspotential erwachsen: dass einer aus österlicher Kraft seinen Krebs zu besiegen sucht oder eine andere ihre Depression überwindet, dass einer anfängt, sich für bessere Verhältnisse zu engagieren oder dass eine andere wieder konkrete Hoffnungen für ihre Ehe oder ihre Familie entwickelt.

„Wer an mich glaubt, der wird leben", sagt Jesus. Und das meint zugleich: Wir dürfen teilhaben an einer Hoffnung, die weiter reicht als wir selbst und die auch dann begründet ist, wenn unsere Lebenszeit zu Ende geht. Am Ende, so dürfen wir hoffen, steht dann nicht der Tod, sondern die Ewigkeit. Am Ende empfängt uns nicht das kalte Nichts, sondern fallen wir ganz und gar in die Arme Gottes.

„Wer an mich glaubt, der wird leben", sagt Jesus. Dieser Satz ist keine Behauptung, sondern eine Einladung. Er lädt ein zum Leben mit österlicher Hoffnung. Auch hier, mitten unter uns und in uns, soll sich Österliches ereignen. Kann es einen Grund geben, eine solche Einladung nicht anzunehmen?

Amen

Hoffnung für Imperfekte.

Predigt über 1. Tim 1,12-17 am 3. Sonntag nach Trinitatis 2010 im Dom St. Marien, Wurzen[11]

Liebe Schwestern und Brüder,

da saßen wir zusammen, einen ganzen Abend lang: ein jüngerer Pfarrer aus Berlin, der sich zur Zeit seelsorgerlich weiterbilden lässt, um einmal eine Pfarrstelle als Krankenhaus-Seelsorger zu übernehmen, und ich. Er hatte mich gefragt, ob ich mit ihm einmal über seine schriftliche Arbeit reden könnte, die er im Zuge seiner Seelsorge-Ausbildung anzufertigen hat. Ihr Thema: Wie kann ich Souveränität erwerben in der seelsorgerlichen Kommunikation? Ihm ging es z.B. um die innere Fähigkeit, es gelassen aushalten zu können, wenn ein Patient nichts mit dem Pfarrer oder dem Evangelium zu tun haben will. Wie kann ich solche Souveränität erwerben, dass mir Distanz nichts ausmacht? – so seine Frage. Auch in vielen anderen Berufen muss man sich heute in Sachen Kommunikation aus- und weiterbilden lassen. Damit man einfühlsamer auf Kunden eingehen oder erfolgreicher Konflikte im Betrieb meistern kann. Wie kann ich kommunikativ souverän werden? Das scheint ein verständlicher Wunsch zu sein. Aber ist er auch menschlich? Entspricht er auch dem Evangelium?

Szenenwechsel. Eine Klinik für kosmetische Chirurgie. Ein Nachbar erzählt mir von seinen Eindrücken. Er ist dort verantwortlich für Sauberkeit und Reparaturen. „Wissen Sie“, sagt er zu mir, „was mich am meisten gewundert hat? Die sich dort verschönern lassen wollen, also die sich die Lippen aufspritzen lassen, damit sie einen verführerischen Schmollmund kriegen, oder die sich das überflüssige Fett vom Bauch wegoperieren lassen wollen, die sind gar nicht hässlich und unansehnlich. Die meisten sind ziemlich attraktiv. Ich käme nicht auf den Gedanken, dass die eine Schönheitsoperation brauchen.“ Schön sein wollen, gut aussehen – das scheint ein verständlicher Wunsch zu sein, nicht zuletzt heute, wo vom Äußeren so viel abhängt. Aber ist er – wo er solche Folgen hat – noch menschlich? Entspricht er so noch dem Evangelium?

Im Predigttext dieses Sonntags wird uns ein eigenartiges Vorbild vor Augen gestellt: Paulus mit seiner gebrochenen Biographie. Ein religiöser Eiferer, der die junge christliche Gemeinde verfolgt hatte, ein Fanatiker, der sogar noch Gefallen fand, wenn christliche Anführer – wie Stephanus – gelyncht und ermordet wurden. Ein Mensch, der vom Saulus zum Paulus wurde, vom Christenhasser zum erfolgreichen christlichen Missionar. Ein eigenartiges Vorbild – vielleicht eben eine Ausnahme unter den Kronzeugen des Glaubens, die man halt verkraften muss. Wirklich? Neben Paulus, der maßgeblich für die Ausbreitung des Christentums unter den Heiden gesorgt hat, steht Petrus, der Jünger Jesu, die erste Führergestalt der Urgemeinde in Jerusalem, der erfolgreiche Prediger am ersten Pfingsttag im Tempel. Petrus trägt zwar den Ehrennamen „der Fels“. Aber verlassen konnte sich Jesus auf ihn nicht. Als es brenzlig wurde, verleugnete er seinen Herrn – dreimal, bevor der Hahn krähte. Und die anderen Jünger: Weggelaufen waren sie nach dem Karfreitag, weg, zurück nach Galiläa, zurückgezogen hatten sie sich in ihre Häuser, die Türen fest

[11] Die Predigt wurde anlässlich eines Gottesdienstes zum alljährlichen „Domherrentag“ gehalten; an ihm nahmen die in Ornat gekleideten Domherren ebenso teil wie eine in Kurrendemäntel gekleidete Kurrende und eine große regionale Gemeinde (vgl. den Predigtschluss).

verschlossen. Aller Glaube hatte sie verlassen. Die Angst hatte sie fest im Griff. Was für Vorbilder?! Keine Spur von Souveränität, von souveränem Glauben. Und schön dürften sie wohl auch nicht ausgesehen haben in ihrem Versteck voller Angst.

Es scheint deshalb kein Wunder zu sein, wenn heute viele Menschen anderen Vorbildern folgen: solchen, die in ihrem kommunikativen Verhalten keine Fehler machen; solchen, die immer wissen, was sie wollen; solchen, die in ihren Beziehungen erfolgreich sind. Kein Wunder, wenn viele anderen Vorbildern nacheifern: den Starken und Mächtigen; den Mutigen, die nie versagen; den Schönen, wie man sie kennt aus den Hochglanz-Zeitschriften und aus dem Fernsehen. Souverän werden – so wie sie, die bewunderten Helden. Das wäre ein Traum.

Ein Traum? Vielleicht manchmal auch ein Albtraum? Wann bin ich eigentlich wirklich souverän – als Seelsorger, als Kundenbetreuer, als Freund und Liebhaber, als Mutter oder Vater? Wann bin ich mutig und stark genug? Wann bin ich so schön, dass ich mithalten kann mit den Allerschönsten? Und wie kann ich meine einmal besessene Schönheit festhalten, wenn ich spürbar älter werde? Aus solcher Jagd nach Souveränität, Schönheit und Stärke kann eine unerbittliche Hetzjagd werden, bei der ich nie zur Ruhe komme. Besonders Paulus, dessen gebrochene Biographie uns hier vor Augen gerückt wird, hat das in seiner theologischen Sprache klar analysiert – vor allem im Römerbrief und im Galaterbrief: Wo Menschen ganz auf sich selbst, auf ihre Leistungen vor Gott und den Menschen, setzen, wo sie auf Perfektion oder auf Souveränität aus sind, dort leben sie unter dem Diktat des „Gesetzes", unter einer Norm, die letztlich nicht in die Freiheit und Seligkeit, sondern in die Verzweiflung führt, ins Burn-Out, in die Depression. „Denn die aus den Werken des Gesetzes leben, die sind unter dem Fluch", schreibt Paulus (Gal 3,10). Wer souverän werden will, muss sich übernehmen. Der will mehr, als er kann. Der will nicht mehr Mensch, sondern schon ein wenig wie Gott sein. Der will alles und erhält nichts.

Deshalb stellt uns unser Text eine andere, eine gebrochene Biographie vor Augen: die des Apostels Paulus, der vorher der Christenverfolger Saulus war. Und deshalb ist Paulus auch kein einmaliger Ausrutscher in der Kirchengeschichte. Es ist kein Zufall, dass auch die anderen Apostel keine makellosen Helden waren. Denn sie haben gerade so etwas erfahren, das sie wohl nur so erfahren konnten und das sie wohl nur so vollmächtig weitergeben konnten: nämlich dass Gott an ihnen Barmherzigkeit hat walten lassen. „Mir ist Barmherzigkeit widerfahren", schreibt der Apostel im 1. Timotheusbrief. „Das ist gewisslich wahr und ein Wort, des Glaubens wert, dass Christus Jesus in die Welt gekommen ist, die Sünder selig zu machen, unter denen ich der erste bin. Aber darum ist mir Barmherzigkeit widerfahren, dass Christus Jesus an mir als Erstem alle Geduld erweise, zum Vorbild denen, die an ihn glauben sollen …" Paulus und die anderen haben es auf ihren Abwegen erst richtig erfahren: dass Gott uns barmherzig ist; dass wir durch ihn freikommen von diesem verhängnisvollen Gesetz der Perfektion, des Immer-mehr, Immer-besser, Immer-vollkommener, Immer-stärker. Wer Christus kennt, wer sich auf ihn einlässt, der darf leben unter der Erfahrung der Barmherzigkeit. „Christus aber hat uns erlöst von dem Fluch des Gesetzes", schreibt Paulus. Christus hat uns erlöst und der Welt die Barmherzigkeit Gottes gebracht.

Barmherzigkeit: Das ist ein anderes Wort für Evangelium. Wo das Evangelium einzieht, dort erfahren Menschen Barmherzigkeit.

Dort lernen sie es, *Gott zu danken* – auch für die Umwege und Irrwege des Lebens und für die Gnade, aus ihnen herauszukommen: „Ich danke unserem Herrn Christus Jesus, der mich jetzt stark gemacht und in das Apostelamt eingesetzt hat, mich, der ich früher ein Lästerer und Verfolger war ...", schreibt der Apostel. Wo einer Barmherzigkeit elementar erfahren hat (also nicht nur theoretisch von ihr gehört hat), dort schlägt ein solcher Lebensbericht um in einen Lobpreis Gottes, in ein Loblied Gottes, wie es am Ende unseres Textes steht: „Gott, dem ewigen König, dem Unvergänglichen und Unsichtbaren, der allein Gott ist – der allein Souverän ist – sei Ehre und Preis in Ewigkeit." Vielleicht ist das der tiefste Grund, dass im Gottesdienst die Musik so wichtig ist: weil wir Gottes Barmherzigkeit preisen.

Wo die Barmherzigkeit des Evangeliums einzieht, dort wird man *sich selbst gegenüber barmherziger.* Dort muss man sich nicht nur mit all denen vergleichen, die so stark und souverän und schön und erfolgreich sind. Dort lässt man sich hineinnehmen in den barmherzigen Blick Gottes auf uns selbst. Da lernt man es, auch sich selbst mit barmherzigen Augen anzuschauen: die Irrwege zu sehen, die Schattenseiten, aber auch das, was Gott gnädig mir geschenkt und durch mich gewirkt hat.

Wo die Barmherzigkeit Gottes einzieht, dort lernt man es, *auch den anderen Menschen barmherziger* zu betrachten. Dort wird er aus dem Konkurrenten, aus der Konkurrentin, zum Bruder, zur Schwester. Ich muss ihn nicht permanent übertrumpfen, besiegen, klein halten oder misstrauisch kontrollieren. Ich lerne es, mich zu freuen über das, was der andere kann – über die Gnade Gottes, die spürbar und sichtbar mit dem anderen ist.

Wo die Barmherzigkeit Jesu Christi einzieht, dort entdecken Menschen *Gaben und Stärken, die in ihnen ruhen.* Paulus hat das an sich reichlich erfahren, wie Gott ihn in anderer Weise „stark" gemacht hat zu seinem Dienst als Apostel. Da soll und kann man auch Gaben ausbilden lassen. Da kann man zeigen, was in einem steckt. Auch Körperpflege und Schönheitssinn haben im Reich Gottes ihren Platz. Aber alles hat sein barmherziges Maß, das Maß des Menschlichen.

Dietrich Bonhoeffer hat einmal gesagt: „Wenn man völlig darauf verzichtet hat, aus sich selbst etwas zu machen – sei es einen Heiligen oder einen bekehrten Sünder oder einen Kirchenmann, einen Gerechten oder Ungerechten – dann wirft man sich Gott ganz in die Arme, dann nimmt man nicht mehr die eigenen Leiden, sondern das Leiden Gottes in der Welt ernst ... und so wird man ein Mensch, ein Christ."

Unser Bibelwort will uns dazu einladen, allen unmenschlichen Perfektionismus loszulassen, den frommen ebenso wie den weltlichen. Wir dürfen Menschen sein, wir dürfen Menschen werden – imperfekte, oft nicht souveräne, in Irrtümern verstrickte und auf Irrwegen gehende Menschen. Wir dürfen es, weil es die große Kraft der Barmherzigkeit gibt, die Gott heißt. Weil wir uns ihm in die Arme werfen können, in die Arme, die er am Kreuz weit ausgebreitet hat für uns alle: für Apostel und Gemeindeglieder, für Domherren und Kurrendekinder, für Fromme und Unfromme, für Alte und Junge.
Amen

Wer glaubt, sieht mehr.

Predigt über Offb 21,1-7 am Ewigkeitssonntag 2010 im Universitätsgottesdienst in der Nikolaikirche Leipzig[12]

Liebe Gemeinde,
von Helmut Schmidt, dem früheren Bundeskanzler, soll die Bemerkung stammen: „Wer Visionen hat, der sollte zum Arzt gehen." Eine bittere Bemerkung, mit der der Realpolitiker Schmidt wohl ausdrücken wollte: Das Leben heute, das private Tagesgeschäft, noch viel mehr aber das komplizierte Geschäft der Politik – das verträgt keine unrealistischen Ideologien, keine Phantasien, keine Spinnereien. Das hat sich ganz nüchtern an den Zahlen und Daten, an den oft geringen Spielräumen und kleinen Schritten zu orientieren, die möglich sind. Deshalb: Wer Visionen hat, der sollte zum Arzt gehen, zum Nervenarzt, zum Psychiater.

Der Predigttext für den heutigen Sonntag ist aber nichts anderes als eine großartige Vision. „Und ich sah" – so beginnt sie. Der Autor, der Seher Johannes auf Patmos, berichtet in einer Zeit bedrohlicher Angriffe auf die kleinen christlichen Gemeinden von einer heiligen Schau, vom neuen Jerusalem, das aus dem Himmel herabkommt, geschmückt wie eine orientalische Braut. Und die Vision wird von einer Audition ergänzt, von einer großen Stimme, die der Autor gehört hat. Sind das Ausgeburten eines kranken Hirns? Müsste der Autor zum Psychiater? Oder wird mit solchen visionären Bildern vielleicht doch eine Wahrheit ausgesagt, die ernst zu nehmen ist?

Seit der Bemerkung durch den damaligen Bundeskanzler, also seit den 1970er oder 80er Jahren, sind vielen Menschen ihre Visionen gründlich vergangen. Sie sind geradezu Mangelware geworden. Ein sonderbarer Realismus mit resignativen Zügen hat sich breit gemacht und viele Menschen erfasst. Die großen gesellschaftsbestimmenden Zukunftsentwürfe, die Idee einer sozialistischen oder die Gegenidee einer freiheitlich-marktwirtschaftlichen Gesellschaft, finden nur noch wenig Resonanz hierzulande. Viele junge Leute interessieren sich kaum noch für Politik. Bei Befragungen nach ihren Zukunftsbildern orientieren sie sich lieber am kleinen Glück des privaten Wohlergehens, am Streben nach einem guten Beruf, einem ordentlichen Einkommen und einer gelingenden Partnerschaft. Und wer wollte es ihnen verdenken, wenn doch die Idee des Sozialismus so grundlegend gescheitert ist vor 20 Jahren? Wer wollte es ihnen verübeln, wenn doch die Praxis eines globalen freien Marktes seitdem die wenigen Reichen nur noch immer reicher macht und die Zahl der Armen noch immer ansteigen lässt?

Nicht nur gesellschaftlich, sondern auch individuell sind vielen Menschen frühere Visionen vergangen. Nur noch selten findet sich bei Todesanzeigen in der Zeitung noch ein biblisches Auferstehungswort. Kann man es den Angehörigen zum Vorwurf machen, wenn sie keine biblischen Trostworte mehr kennen? Und wenn sie gegenwärtig doch nur Leere empfinden und Trauer?

Ich weiß nicht, ob der frühere Bundeskanzler und evangelische Christ Helmut Schmidt seine Meinung über Visionen und Visionäre heute noch immer genauso formulieren würde wie damals Ende der 1970er Jahre. Vielleicht gibt ihm der resignative Realismus von heute, der sich wie

[12] Im Leipziger Universitätsgottesdienst am Ewigkeitssonntag werden die Namen der im vergangenen Jahr verstorbenen Angehörigen der Universität verlesen und werden für sie Kerzen entzündet.

Mehltau über die Gesellschaft gesenkt hat, längst zu denken. Vielleicht kennt er selbst Situationen, in denen die Wirklichkeit des Lebens schwer auszuhalten ist, wenn man auf nichts anderes sehen kann als auf das, was wir unmittelbar vor Augen haben.

In der Bibel finden sich viele Textgattungen: Erzählungen, Gleichnisse, Gedichte – aber eben auch Visionen. Schon die alttestamentlichen Propheten analysierten nicht nur die Wirklichkeit und klagten nicht nur das Unrecht an, sondern sie entwarfen visionäre Bilder: Einst werden Schwerter zu Pflugscharen geschmiedet werden (so der Prophet Micha); Gott wird einen neuen Himmel und eine neue Erde schaffen, ein neues Jerusalem, in dem kein Weinen und Klagen mehr zu hören sein wird, in dem Menschen in Frieden alt werden und sogar die Tierwelt miteinander ausgesöhnt ist (so der Prophet Jesaja, unsere erste Lesung).

Unverkennbar knüpft der Seher Johannes an dieser visionären Tradition des Jesaja an. Die Bibel rechnet selbstverständlich damit, dass das Evangelium gelegentlich auch in einer visionären Gestalt zu den Menschen kommen kann.

Was schaut und was hört Johannes?

„Und ich sah einen neuen Himmel und eine neue Erde; denn der erste Himmel und die erste Erde sind vergangen, und das Meer ist nicht mehr. Und ich sah die heilige Stadt, das neue Jerusalem, von Gott aus dem Himmel herabkommen, bereitet wie eine geschmückte Braut für ihren Mann." (V 1 und 2).

Er schaut eine von Gott ganz und gar *erneuerte Erde*: ein neuer Himmel, eine neue Erde. *Ein* Kennzeichen des Neuen ist es, dass „das Meer" nicht mehr existiert. Dabei geht es nicht um das Meer unseres geliebten Strandurlaubs, sondern um das Meer als Hort des Bösen. Aus den Tiefen des Meeres hatte der Seher Johannes das „Tier", den Antichristen aufsteigen sehen. Alles Böse und alle Wurzeln des Bösen sind nicht mehr. Es ist endgültig besiegt. Ein *anderes* Kennzeichen des Neuen ist es, dass das neue Jerusalem, die neue Stadt, als geschmückte Braut erscheint. Die Flucht des Menschen vor Gott ist vorüber. Die Hurerei mit den Götzen aller Zeiten ist vorbei. Das neue Jerusalem ist wirklich bereit, Gott zu empfangen und die Vereinigung zu feiern. Der Seher sieht eine *von Gott* erneuerte Erde. Es sind nicht die Menschen, die sie herbeigekämpft hätten. Das unterscheidet die spirituellen Visionen der Offenbarung von mancher Utopie späterer Zeiten. Das Entscheidende bewirkt Gott. Er macht alles ganz neu, nicht wir. Wir können und müssen uns nicht neu erfinden. Wir können und müssen keine ganz neue Welt schaffen. Da übernehmen wir uns. *Gott* macht alles neu. Veränderung, Erneuerung hat nur dort Sinn, wo sie den Spuren Gottes zu folgen sucht.

Was schaut und hört Johannes?

„Und ich hörte eine große Stimme von dem Thron her, die sprach: Siehe da, die Hütte Gottes bei den Menschen! Und er wird bei ihnen wohnen, und sie werden sein Volk sein und er selbst, Gott mit ihnen, wird ihr Gott sein; und Gott wird abwischen alle Tränen von ihren Augen, und der Tod wird nicht mehr sein, noch Leid noch Geschrei noch Schmerz wird mehr sein; denn das Erste ist vergangen." (V 3 und 4)

Der Seher Johannes hört eine große Stimme. Ein Engelwesen spricht und kündigt die „Hütte Gottes", wörtlich: das „Zelt Gottes", bei den Menschen an. Darin besteht die neue Welt: Gott verlässt seinen Thron. Er ist ganz nah bei den Menschen, er zeltet neben ihnen, mitten unter ihnen. Und dieser Gott durchkreuzt alle traditionellen Gottesbilder – den Erhabenen und Allmächtigen, der auf dem Thron sitzt; den Richter, der vor allem Gebote erlässt und der Gutes und Böses voneinander scheidet; den alten Mann mit dem weißen Bart, der prinzipiell lieb und milde ist. Es ist ein ganz anderes Gottesbild, was hier erscheint: Gott neben den Leidtragenden. Er trocknet ihnen ihre Tränen. Und wo er ist – mitten unter den Menschen, dort ist kein Leid mehr, kein Geschrei noch Schmerz. Dort wird auch der Tod nicht mehr sein.

Was schaut und hört Johannes?

Am Ende der großen Vision nimmt Gott selbst das Wort: „Der auf dem Thron saß, sprach: Siehe, ich mache alles neu! … Ich, Gott, bin das A und das O, Alpha und Omega, der ganz am Anfang da war und der auch am Ende sein wird.“ (V 5 und 6) Da ist nichts anderes am Ende – außer Gott. Nicht das große Nichts, kein schwarzes Loch, sondern das große Du. Da steht am Ende der, der die Tränen trocknet. Da ist der da, der schon jetzt dem nach Trost und Hoffnung Durstigen von seiner „Quelle des lebendigen Wassers“, von seiner Trost- und Hoffnungsquelle, zu trinken gibt.

Die Vision des Sehers Johannes enthält großartige und zugleich fremde Bilder. Es sind Hoffnungsbilder, die uns vielleicht lange verschlossen bleiben, aber die sich vielleicht gerade dann erschließen, wenn wir an Grenzen kommen, wenn wir uns selbst nicht mehr mit unserer Weisheit trösten können. Gerade dann erinnern sie uns an den, den wir oft vergessen: Gott. Gerade dann, wenn wir nicht mehr alles im Griff haben, fangen sie vielleicht an, zu unserer Seele zu sprechen. Sie erinnern uns an Gott, der letztlich alle Zukunft in seiner Hand hat und der dafür einsteht, dass am Ende alles gut wird durch ihn und bei ihm.

Der evangelische Christ Helmut Schmidt warnt vor Visionen. Warum? Wohl vor allem deswegen, weil er ihren Missbrauch befürchtet: z.B. eine Flucht vor der Wirklichkeit in irgendwelche Traumwelten. Dabei ist seine Sorge nicht völlig unbegründet. Auch Christen haben im Laufe der Geschichte des Christentums immer wieder einmal nur vom Himmel geträumt und dabei die Erde vernachlässigt. Immer wieder einmal hat man den Zusammenhang zwischen Himmel und Erde, zwischen christlicher Zukunftshoffnung und der Verantwortung für die Gegenwart gründlich missverstanden.

Der katholische Theologe Hans Küng greift solche Gefahren auf, indem er in einem seiner Bücher[13] den Zusammenhang zwischen der christlichen visionären Hoffnung auf den Himmel und der Treue zur Wirklichkeit, zur Erde, in zwei dialektischen Sätzen überzeugend zum Ausdruck bringt:

- Der *erste* Satz lautet: *„Die Treue zur Erde muss himmeloffen bleiben.“* Damit man einen langen Atem behält, wenn die Arbeit auf der Erde mühsam wird. Damit man sich wieder aufrichten kann, selbst wenn man dem Tod begegnet ist oder einer anderen totalen Grenze.
- Und der *zweite* Satz lautet: *„Die Hoffnung auf den Himmel muss geerdet bleiben.“* Denn: Inspiriert vom Bild, dass Gott die Tränen abwischen wird, wird man schon hier sehen, wo man Menschen trösten und ihre Tränen trocknen kann. Motiviert vom Ende des Leides im Himmel wird

[13] Hans Küng: Ewiges Leben? München, 4. Aufl. 1984, 249-254.

man schon heute zusehen, wo sich Leid verhindern lässt und wie man Schmerzen erträglich hält. Der visionäre Blick in den Himmel vertreibt das süße Gift der Resignation, dass ja doch nichts zu machen sei. Er macht Mut, zu tun, was wir können, auch wenn der Erfolg fraglich ist.

Ich bin den visionären Versen des Sehers Johannes zum ersten Mal begegnet, als ich als 10jähriger Sängerknabe im Dresdner Kreuzchor das Dresdner Requiem des früheren Kreuzkantors Rudolf Mauersberger mitgesungen habe. Alljährlich am 13. Februar, am Tag der Zerstörung Dresdens am Ende des 2. Weltkrieges, haben wir das Werk des Kreuzkantors aufgeführt, das er sehr bald nach diesem Inferno komponiert hatte. Im „Dies irae" hatte Mauersberger Texte aus den Klageliedern Jeremias vertont und mit musikalischen Mitteln, mit Schlagwerk und Dissonanzen, Krieg und Zerstörung nachgezeichnet. „Der Herr hat seine Hand gewendet wider mich: Schrecken, Schrecken hat sich wider mich gekehret …" Und im nachfolgenden Satz zog ein Altarchor auf, der tröstende Jesusworte sang: „Ich bin die Auferstehung und das Leben", aber eben auch Sätze aus unserem Text: „Gott wird abwischen alle Tränen von ihren Augen, und der Tod wird nicht mehr sein, noch Leid noch Geschrei noch Schmerz wird mehr sein …"

Der Kreuzkantor, der selbst den Angriff auf Dresden miterlebt hatte, der zusehen musste, wie seine Kirche, wie die Kreuzschule, wie das Alumnat des Chores in Flammen aufging, der verkraften musste, dass nicht nur sämtliche Noten des Chores, sondern auch 13 Kruzianer Opfer der Bombennacht geworden waren – der wollte nicht nur andere trösten mit diesen Worten, sondern der hielt sich wohl auch selbst fest an diesen Bildern der Hoffnung: „Und ich sah einen neuen Himmel und eine neue Erde … Gott wird abwischen alle Tränen von ihren Augen". Aus dieser biblischen Vision bezog Mauersberger eine unglaubliche Kraft, den Chor wieder neu zu sammeln, zunächst in Kellerräumen, anfangs ohne Notenmaterial. Aus ihr heraus konnte er den Kreuzchor wieder zu einer neuen künstlerischen Höhe führen. Und mit ihr vermochte er es, viele Tausende von Dresdnern vollmächtig zu trösten, die Jahr um Jahr dieses Requiem hörten. Ich habe an diesem Mann und seinem Lebenswerk erfahren, wie der Glaube an den Himmel und die Arbeit an der Erde zusammengehören.

Liebe Gemeinde, der biblische Glaube braucht so etwas wie eine visionäre Dimension. Wer glaubt, darf schon einen Blick in den Himmel tun, um gerade so der Erde treu zu bleiben. Der darf auf etwas setzen, was erst im Kommen ist.

Dieser Glaube verbindet übrigens Christen und Juden: An einer Wand des Warschauer Ghettos fand man nach dem Krieg eine Inschrift, geschrieben von einem der dort eingesperrten und im Ghetto umgekommenen Juden: „Ich glaube an die Sonne, wenn sie auch nicht scheint; ich glaube an die Liebe, wenn ich sie auch nicht spüre; ich glaube an Gott, wenn ich ihn auch nicht sehe."

Wer glaubt, sieht mehr. Der sieht schon hinter dem Alten das Neue, hinter den Grenzen unserer Wirklichkeit schon den, der da spricht: „Siehe, ich mache alles neu!"

Amen

Hindurchhoffen durch Elend und Leid.

Predigt über Mt 12,38-42 am Sonntag Reminiscere 2011 in der Gustav-Adolf-Kirche Leipzig-Lindenthal und der Gnadenkirche Leipzig-Wahren

Liebe Gemeinde,
wie es scheint, sind wir aus einem Jahrhundert der großen Kriege – dem 20. Jahrhundert – in ein Jahrhundert der großen Katastrophen eingetreten. Stürme und Erdbeben eines bisher unbekannten Ausmaßes, Überschwemmungen, Verschüttungen, denen Hunderte und oft sogar Tausende zum Opfer fallen – immer wieder erschüttern uns solche Nachrichten. Und in diesen Tagen sind wir mit unserem Herzen bei den Japanern[14], die nicht nur von einer, sondern von drei verheerenden Katastrophen miteinander heimgesucht worden sind:

- von einem schlimmen Erdbeben, das das ganze Land einige Meter auf der Landkarte verschoben hat,
- von einem Tsunami, von einer verheerenden Welle, die ganze Städte und Dörfer mit sich gerissen hat,
- und nun noch dazu von einer drohenden atomaren Verseuchung des Landes, deren Ausmaß noch nicht feststeht. Eine Zeit der großen – von der Natur, aber oft auch vom Menschen mit verursachten – Katastrophen.

In solchen Zeiten fällt es vielen Menschen schwer, an Gott zu glauben. Da scheint die Hölle losgelassen. Da ist von der Macht der Liebe Gottes nichts zu spüren. Da haben die leichtes Spiel, die da sagen: Wenn es Gott gäbe, dann dürfte er das alles doch nicht zulassen. Und da sehnen wir uns danach, dass Gott ein Zeichen geben möchte, dass er dennoch nahe ist, dass er eingreifen, schützen, ordnen, ermutigen und die Hölle beenden möchte.

Die Frage, die „einige von den Schriftgelehrten und Pharisäern“ in unserem Text Jesus stellen, klingt deshalb ganz ähnlich, auch wenn ihr Motiv ein wenig anders war. Sie nahmen Jesus nicht ab, dass er der von Gott gesandte Messias sein sollte. Dafür war er ihnen zu verwechselbar: aus dem Nest Nazareth, Sohn eines einfachen Zimmermanns. Dafür war das, was er tat, für sie zu wenig spektakulär und machtvoll: durch das Land ziehen, predigen, zur Buße aufrufen. Und dafür klang ihnen das, was er über Gott und den Glauben sagte, zu sehr nach Ketzerei und falscher Lehre.

Das sind ihre Gründe, dass sie zu ihm kommen und sagen: „Meister, wir möchten gern ein Zeichen von dir sehen.“ Man ahnt, dass ihre Bitte nicht einmal ehrlich gemeint ist. Viele von ihnen hatten erlebt, dass Jesus einzelne Menschen wunderbar geheilt hatte. Aber das hatte sie nicht für ihn eingenommen. Sie hatten sich längst ihr Bild von Jesus gemacht und würden sich wohl nicht einmal durch ein spektakuläres „Zeichen“ – z.B. vielleicht dass er von der Tempelzinne springt und sich dabei nicht verletzt oder dass er Steine in Brot verwandelt – in ihrer Ablehnung Jesu stören lassen. „Er treibt die Dämonen mit dem Teufel aus“, sagten einige zu seinen Heilungen. „Meister, wir möchten gern ein Zeichen von dir sehen …“

---

[14] Die Predigt wurde wenige Tage nach der Katastrophe von Japan gehalten, in der ein Tsunami nicht nur viele Häuser hinweggespült und Tausenden Menschen das Leben gekostet hatte, sondern in der er auch das Atomkraftwerk von Fukushima zerstört und Radioaktivität freigesetzt hatte.

Jesus antwortet den Schriftgelehrten ziemlich schroff: „Ihr, als Vertreter einer bösen Generation, die sich von Gott trennen will, fordert ein Zeichen …“. Er hat ja viele von ihnen durchschaut und weiß, wie wenig ehrlich sie es meinen. Deshalb verweigert er ein erneutes Zeichen. Aber er stößt sie nicht einfach vor den Kopf, sondern er weist seine Gesprächspartner darüber hinaus dann doch auf ein Zeichen hin, von dem sie schon wissen und das ihnen neu bewusst werden kann: das Zeichen des Jona.

Das klingt zunächst rätselhaft. Jona – das ist die Geschichte von dem Propheten, der der bösen Stadt Ninive Gottes Gericht ankündigen und sie zur Umkehr veranlassen sollte. Jona – das ist der, der vor Gott und diesem Auftrag davonlaufen wollte und den Gott dennoch nicht losließ. Jona – das ist der, der – nach dieser Geschichte – drei Tage in der Tiefe des Meeres, im Bauch des großen Fisches, vor dem Ertrinken errettet und bewahrt wurde, und der danach an das Land und zurück in das Leben gespuckt wurde. Das Zeichen des Jona. Dieses Zeichen gebe ich euch, sagt Jesus: „Der Menschensohn, der Beauftragte Gottes, wird drei Tage und drei Nächte im Schoß der Erde sein. Mir wird es gehen – so ähnlich wie dem Jona: Ich werde dem Tod preisgegeben und ins Grab gelegt werden, und nach drei Tagen auferstehen.“

Unsere Frage nach Gottes Zeichen ist anders begründet. Wir suchen nach seiner Gegenwart inmitten der schrecklichen Katastrophen. Gott weist uns mit unserer Frage sicher nicht so schroff zurück wie Jesus die Schriftgelehrten. Aber seine Antwort hilft auch uns in unserer Suche nach dem Zeichen für die Nähe Gottes.

Was will Jesus uns sagen? Vielleicht das: Es kann sein, dass es auch in solchen Zeiten des Unglücks und der Ausweglosigkeit kleine Anzeichen der Nähe Gottes gibt: Einzelne finden ihre Angehörigen wieder, die sie lange gesucht haben. Andere spüren auf einmal eine Kraft in sich zu helfen, die sie sich selbst nicht zugetraut hätten. Es gibt in allem Grauen auch Erfahrungen des Glücks und glückliche Wendungen. Die Menschen in Japan zeigen ein erstaunliches Maß an Zusammengehörigkeitsgefühl und an Disziplin. Da zeigt sich in allen Kräften des Bösen immer wieder auch eine gute Kraft. Man kann in ihr die Hand Gottes sehen, seine Zeichen.

Aber man wird sie wohl nur dann sehen, wenn man das große, eigentliche Zeichen Gottes im Blick hat, das „Zeichen des Jona“, das Geschehen von Kreuz und Auferstehung. Nur dann, wenn sich der Glaube an diesem Zentrum der Gotteserfahrung festgemacht hat, kann er Gott selbst in diesem Grauen der Katastrophen noch trauen. Nur dann wird er in ihm auch Zeichen der Gottespräsenz finden können. Denn „Kreuz und Auferstehung“ – das heißt ja: Gott hat sich in Jesus selbst dem schlimmsten Leid der Welt ausgesetzt. Er hat es selbst durchlebt. Und er durchlebt es immer mit, wenn Menschen leiden. Er sitzt nicht in zynisch-distanzierter Erhabenheit irgendwo weit über allen Menschen. Er ist mittendrin, nahe bei den Menschen, mit ihnen mitleidend, ihnen Mut und Trost gebend. Deshalb ist für Christen das Kreuz das große Gotteszeichen, und deshalb steht es in allen Kirchen und tragen es viele Menschen bewusst um den Hals: verbunden mit dem Gott, der mich selbst im bittersten Leid nicht verlässt. „Kreuz und Auferstehung“ – das heißt ja auch: Der Glaube an diesen Gott darf hindurchhoffen durch das Elend und Leid, weil Gottes Ziel „Auferstehung“ heißt – nicht nur für Jesus damals, sondern für alle Menschen und für die ganze Welt. Auferstehung: weil es schon hier in dieser Welt Neuanfänge geben kann, die wir oft noch gar nicht ahnen. Und weil am Ende unseres Lebens und am Ende unserer Welt das Leben steht, nicht der Tod, eine Welt ohne Leid und Geschrei, ohne Schmerz und Tod. Weil es sich lohnt zu hoffen, trotz allem, und durch alles Entsetzliche hindurch. Das ist gemeint mit dem Zeichen des Jona, dem eigentlichen Zeichen, mit dem Tod Jesu am Kreuz und seiner Auferstehung nach drei Tagen.

Jesus fügt aber noch zwei weitere Worte hinzu, zunächst an die Adresse seiner Gegner gerichtet: „Die Leute von Ninive, die die Bußpredigt des Jona hörten und sich bekehrten, die werden euch beim Jüngsten Gericht anklagen, weil ihr meine Worte nicht gehört habt. Und die sagenhafte Königin aus dem Süden, aus Saba, die in früher Zeit weit gereist ist, um den weisen König Salomo zu hören, wird euch anklagen, weil ihr mich nicht ernst genommen habt." „Und siehe, hier – bei mir und meinen Worten – ist mehr als Jona, mehr als Salomo."
Jesus verbindet seine Antwort zur Zeichenfrage mit einem – wiederum sehr schroffen – Bußruf.

Der Sonntag Reminiscere ist schon jahrhundertelang eine Art Buß- und Bettag gewesen. Und dem entspricht auch dieser Text. Jesus weist hin auf Gottes Zeichen der Liebe und Treue, die in allen Katastrophen und in allem Leid aufgerichtet sind und gültig bleiben: auf seinen Kreuzestod und seine Auferstehung. Aber er verbindet das mit einem Ruf zur Erneuerung des Glaubens, zur Umorientierung des Denkens und Verhaltens.

„Erneuerung des Glaubens" – das könnte heißen, sich zu verabschieden von einem Gottesbild, nach dem Gott nur als Wunscherfüller gebraucht wird, als Instanz, die auf Gebete und Wohlverhalten mit ihrem Schutz und Segen zu reagieren hat. Der Gott der Bibel ist anders. Er bleibt uns in manchem dunkel, rätselhaft. Wir haben oft keine Antwort, warum er dieses und jenes Leid zulässt und solche schlimmen Katastrophen. Aber wir kennen das Zentralzeichen seiner Präsenz: Kreuz und Auferstehung, Jesus Christus. Auch diese schlimme Katastrophe mahnt uns, unseren Glauben nicht an einem Automaten-Gott festzumachen, an einem Wunscherfüller-Gott, an einem Gott, der so ähnlich ist und so ähnlich denkt wie wir selbst, sondern an dem Gott, der sich in Jesus Christus gezeigt hat und dessen Zeichen Kreuz und Auferstehung sind.

„Erneuerung des Denkens und Verhaltens" – gerade diese schlimme Katastrophe wird inzwischen von vielen Menschen als Ereignis verstanden, das zu einer Wende im Denken und Verhalten mahnt. Zu sehr ist die Entwicklung unserer modernen Hochtechnologie mit der Einstellung verbunden, wir als Menschen wären die Herren der Natur. Wir bekämen alles in den Griff. Da wäre kein Ziel, das nicht erreichbar wäre. Japan war und ist eines der technologisch führenden Länder dieser Erde. Seine Atomkraftwerke gehören zu den sichersten, die es gibt, zu den modernsten und effektivsten. Aber wir sind nun sehr deutlich, überdeutlich, an unsere Grenzen gelangt. Es ist gut, dass die Bundesregierung – zumindest vorerst – die Notbremse bei dem weiteren Betrieb von Kernkraftwerken gezogen hat. Wir dürfen nicht alles tun, was wir können. Wir haben nicht nur an uns, sondern auch an die Menschen zu denken, die nach uns kommen. Die Schöpfung ist nicht nur Material zum Ausbeuten und Ausschlachten, sondern unsere Lebensgrundlage – und die unserer Kinder und Enkel. Es sind Kehrtwenden angesagt – wirtschaftlich, politisch, mental. Und wir als Christen sollten bei solchen Kehrtwenden des Denkens und Verhaltens ganz vornean stehen.

Jesus nennt nicht zufällig Nichtjuden als Vorbilder: Die Leute von Ninive werden euch verklagen, denn die haben auf die Bußpredigt des Jona gehört seinerzeit. Die schwarze Königin aus dem Süden, aus Saba, wird euch verklagen, denn sie ist von weither gekommen, um Salomo zu hören und seine Weisheit aufzunehmen. Auch heute werden viele Nichtchristen den Ruf zur Umkehr verstehen, der an die Menschheit ergeht. Gott sei Dank.

In den Nachrichten gestern Abend war es ein junger Japaner, der inmitten der Trümmer sagte, was jetzt ansteht: „Nicht jammern, sondern die Konsequenzen ziehen und positiv denken." Ein erstaunliches Maß an innerer Zuversicht, Menschen – wie beschenkt mit dem Gottesgeist der Hoffnung und mit einem erstaunlichen Umkehr- und Veränderungswillen.

Wir als Christen sollten solchen Menschen in der Fremde nicht nachstehen.

Amen

Das Osterlicht erleuchtet hoffnungslose Herzen.

Predigt über Lk 24,36-45 am Ostermontag 2011 in der Gnadenkirche Leipzig-Wahren[15]

Liebe Gemeinde,
wie stellen wir uns die Auferstehung Jesu vor? Sicher, das ist eine indiskrete Frage. Sie betrifft den intimen Bereich unseres Lebens und Glaubens, über den wir vielleicht nicht so gern sprechen. Und es ist eine heikle Frage, weil sich an ihr massiver innerkirchlich-theologischer Streit entzünden kann. Aber darf man sie deshalb nicht stellen?

Die verschiedenen bekannten Ostererzählungen leben ja davon, dass Menschen sich die Auferstehung Jesu, ja sogar den Auferstandenen vorstellen und wohl auch vorstellen sollen: die Frauen, die ein leeres Grab vorfinden; Maria, die den Auferstandenen zunächst nicht erkennt und ihn erst dann erkennt, als er sie bei ihrem Namen ruft; die Emmaus-Jünger, denen der auferstandene Christus als unbekannter seelsorgerlicher Zuhörer begegnet und denen dann beim Abendessen die Augen aufgehen. Aber auch unser eher weniger bekannter Text, wie Jesus inmitten der Jünger erscheint, bewirkt ja bestimmte Vorstellungen. Was erzählt wird, ruft innere Bilder und gedankliche Vorstellungen hervor, und das will es wohl auch. Auch die Ostererzählungen. Deshalb noch einmal die indiskrete Frage: Wie stellen wir uns die Auferstehung Jesu, wie stellen wir uns den Auferstandenen vor: Sie und ich? Und was mögen sich kirchlich Distanzierte oder Konfessionslose unter Auferstehung vorstellen?

Viele Menschen in unserem Land gehen wohl von einem symbolisch-natürlichen Sinn von Auferstehung aus. Davon, dass das Leben weitergeht – trotz allem. Das Wiedererwachen der Natur ist für sie das wichtigste Beispiel. Auch die Auferstehungserzählungen von Jesus ordnen sie in diesen Kreislauf von Werden und Vergehen ein. Die Frauen und die Jünger haben eben trotz allem an Jesus und seiner Lehre festgehalten, denken sie. Sie sind über die schlimmen Erfahrungen hinweggekommen. Die biblischen Ostergeschichten muss man in diesem übertragenen Sinn verstehen, meinen sie. Ostern ist für sie vor allem ein Frühlingsfest, zu dem Goethe mit seinem Osterspaziergang den Grundtext geliefert hat: „Vom Eise befreit sind Strom und Bäche von des Frühlings holden, belebenden Blick …“

Andere, zu ihnen gehören sicher auch viele Gemeindeglieder, erklären sich die Auferstehung eher psychologisch. Sie versetzen sich in die Anhänger Jesu hinein, in seine Jünger, in die Frauen, mit denen er ganz eng verbunden war, und sie verstehen, dass sie ein solches massives und grausames Ende am Kreuz schwer aushalten konnten. Sie identifizieren sich mit den Emmaus-Jüngern und mit ihrem Trauerweg und sie glauben, dass diese irgendwann erkannten, dass der Weg Jesu bis zum Kreuz doch ein Weg Gottes mit ihm gewesen sein muss und das Jesus zwar tot ist, aber doch innerlich – in den Seelen derer, die an ihn glauben – lebt. Dass er einigen damals als der Auferstandene erschienen ist, das halten sie für einen innerpsychischen visionären Vorgang, den vielleicht Gott selbst bewirkt hat. Etwas anderes können sie sich nicht vorstellen, weil ihnen dafür alle Denk- und Vorstellungskategorien fehlen.

[15] Die Predigt ist zugleich auch für das Internet-Portal www.online-predigten.de angefertigt worden.

Und wieder andere erklären sich Ostern eher parapsychologisch. Darin gleichen sie vermutlich vielen Zeitgenossen des Lukas. Sie gehen davon aus, dass es hinter unserer sichtbaren Welt der äußeren Wirklichkeit noch eine unsichtbare Welt der Geister und Dämonen gibt. Sie gehen davon aus, dass Verstorbene noch eine Zeitlang als Geister aktiv sind, bevor sie Ruhe geben. Deshalb spricht für sie sehr viel dafür, dass der gekreuzigte Jesus nun auch seinen Anhängern als eine Art Totengeist, als Gespenst, erschienen sein kann, als Angehöriger jener anderen, geheimnisvoll lebendigen Welt der Toten. Diese Art von „Auferstehung" halten sie für denkbar.

Wie stellen wir uns die Auferstehung Jesu, wie stellen wir uns den Auferstandenen vor? Der Evangelist Lukas hat den Text, der heute als Predigttext dient, wohl deswegen erzählt, weil er diese drei Auferstehungsvorstellungen deutlich korrigieren wollte. Ihm genügt weder die naturhaft-symbolische, noch die psychologische, noch die parapsychologische Erklärung. Um es mit einem Wort zu sagen: Er vertritt die leibliche Auferstehung Jesu, und er erzählt von ihr in geradezu riskanter und massiver Weise. Man spürt es, dass er eine feste Erzählabsicht, ein deutliches katechetisches Interesse hat und dass er deshalb bis an die Grenzen geht. Was erzählt er?

Er erzählt, dass der Auferstandene nicht nur als innere Vorstellung in den Gedanken und Empfindungen der Jünger erschien, nicht nur als fantastische Fiktion, um die eigenen Ängste oder die eigene Trauer zu überwinden, sondern dass er sichtbar-leibhaftig und hörbar unter die Jünger trat. Dass er souverän unter ihnen auftrat. Und dass er ihnen zunächst seinen Frieden zusprach.

Er erzählt, dass sie dennoch vor ihm erschraken und sich vor ihm fürchteten, weil sie dachten, er sei ein Gespenst. Und wie er sie deshalb dazu aufforderte, seine Hände und Füße anzusehen und sogar anzufassen: „Fasst mich an und seht; denn ein Geist hat nicht Fleisch und Knochen, wie ihr seht, dass ich sie habe." Und er erzählt weiter, dass der Auferstandene sogar noch weiterging, um ihnen die Angst vor einem Gespenst zu nehmen. Dass er nämlich seine Jünger aufgefordert habe, ihm noch ein Stück Fisch vorzulegen. Denn Gespenster essen nicht. Aber von Jesus, dem Auferstandenen, erzählt er, wie er den Fisch genommen und gegessen hat. Und er meint wohl damit unmissverständlich: So leibhaft dürft und sollt ihr euch die Auferstehung und den Auferstandenen vorstellen. Er war kein Gespenst.

Und er erzählt schließlich, dass er sie danach noch einmal an das erinnerte, was er ihnen früher über seinen Auftrag erzählt hatte und dass er sie auf die Heiligen Schriften hinwies, in denen alles über sein Leiden und Auferstehen aufgeschrieben ist. Dass er so zu ihnen sprach, „dass sie die Schrift verstanden".

Wie stellen wir uns die Auferstehung, wie stellen wir uns den Auferstandenen vor? So, wie es Lukas hier von ihm erzählt? So massiv leibhaft? Dass der Auferstandene seine durchbohrten Hände und Füße vorzeigen konnte? Dass man ihn anfassen konnte? Dass er einen Körper aus Fleisch und Knochen hatte wie ein ganz normaler Mensch? Dass er mit seinen Jüngern Fisch gegessen hat? Vielen von uns dürften solche Erzählzüge eher schwierig sein. Muss man sich den Auferstandenen so vorstellen?

Schon der Apostel Paulus hätte vermutlich mit dieser Ostererzählung des Lukas seine Schwierigkeiten gehabt. Im 1. Korintherbrief wirbt er mit aller Leidenschaft und mit aller

Argumentationskraft, die ihm zur Verfügung steht, für den Glauben an die Auferstehung: für den Glauben daran, dass Christus auferstanden ist. Und für den Glauben daran, dass auch wir nach unserem Tod wie Christus auferstehen werden. Und dabei stehen ihm Leute aus Korinth vor Augen, die sich – geprägt von der griechischen Philosophie – eine leibhafte Auferstehung nicht vorstellen können. Außerdem kennt er andere, die sich über solche leibhaften Vorstellungen lustig machten. Und all denen sagt er: „Es gibt himmlische Körper und irdische Körper … Der erste Mensch ist von der Erde und irdisch; der zweite Mensch" – gemeint ist der nach dem Tod von Gott auferweckte Mensch – „ist vom Himmel". Und er fasst seine Vorstellung in ein bekanntes Bild: So wie ein Weizenkorn in die Erde gelegt wird und sterben muss, damit die neue Weizenpflanze aus ihm wachsen kann, so ähnlich ist es auch mit der Auferstehung: „Es wird gesät in Armseligkeit und wird auferstehen in Kraft. Es wird gesät ein natürlicher Leib und wird auferstehen ein geistlicher Leib." (1. Kor 15,35-49) Das heißt doch: Wenn man überhaupt von einem „Leib" reden kann, dann ist der Auferstehungsleib doch etwas qualitativ ganz anderes als der natürlich-irdische Leib des Menschen.

Wir müssen uns also – mit Paulus – die Lukasgeschichte nicht zu naiv vorstellen, als sei der Auferstandene einfach der wiederbelebte Leichnam Jesu gewesen. So als sei Jesus eben einfach wieder der gewesen, der er vor dem Karfreitag gewesen war. Das wäre wohl auch dem Evangelisten Lukas nicht recht, der ja von dem Auferstandenen zugleich auch Geheimnisvolles erzählt, so z.B. wie er ganz souverän mitten unter seine Jünger tritt. Auch für ihn ist der Auferstandene mehr als nur ein wiederbelebter Mensch.

Aber worauf läuft denn dann diese Ostergeschichte zu? Worauf will denn der Evangelist Lukas hinaus? Wozu steht sie im Neuen Testament und wozu soll heute über sie gepredigt werden?

Diese massiv-leibliche Ostergeschichte wird uns berichtet, weil sie eine wichtige Wahrheit erzählt, eine Wahrheit für uns naturphilosophisch, parapsychologisch oder psychologisch geprägte Menschen, für uns mit unseren jeweiligen frommen oder weltlichen Denkmustern, für uns mit unseren bewussten oder unbewussten Vorstellungen. Sie will sagen: Die Auferstehung ist anders und der Auferstandene ist noch ganz anders, als ihr euch das nach euren jeweiligen Denk- und Vorstellungsmustern ausmalt. Sie ist geistiger und geistlicher, als sich das ganz kindlich-naive Christen mitunter denken, wie wir von Paulus lernen können. Sie ist aber zugleich auch leibhafter, als sich das viele kluge, verinnerlichte und vergeistigte Christen vorstellen.

Die Auferstehung ist anders. In ihr ist etwas Realität geworden, das eigentlich noch nicht in diese unsere Welt der Realitäten gehört. Mit ihr ist etwas geschehen, das die Erfahrungen der Menschen sprengt. Etwas, für das ihnen die zutreffenden Begriffe und Vorstellungen fehlen. Was da geschah, war wie ein Stück aus der Zukunft, aus der Zukunft der endgültigen Gottesherrschaft. Jesus, transformiert aus der Welt des Todes in die Welt des ewigen Lebens, auferstanden von den Toten als „Erster unter denen, die da schlafen". Wenn so die Zukunft Gottes in die irdische Gegenwart einbricht, da reichen unsere Begriffe, unsere Vorstellungen, unsere Erfahrungen nicht zu, um das ausdrücken und wiederzugeben. Ostern ist immer noch ganz anders, als wir denken.

Ostern ist anders, der Auferstandene ist anders. Warum ist das wichtig? Weil zu Ostern nicht nur unsere menschlichen Begriffe und Vorstellungen durchkreuzt werden, sondern weil durch die Auferstehung Jesu die ganze Welt der Gewalt und des Todes einen Riss bekommen hat.

Die Zukunft der Gotteswelt hat hier schon begonnen. Sie ist am Auferstandenen schon sichtbar geworden. Das ist wichtig, weil die Auferstehung Jesu zwar nicht einfach die Realitäten verändert. Da lässt auch heute noch ein Diktator in blinder Wut sein Volk bombardieren, nur um seine Macht zu erhalten.[16] Da geschehen immer noch Katastrophen, die uns vor Entsetzen stumm machen können. Da will uns angesichts unserer eigenen Sorgen immer wieder einmal der Mut verlassen. Die Auferstehung verändert nicht einfach die Realitäten, aber sie verändert die Perspektive, in der wir sie wahrnehmen. Das Osterlicht scheint schon durch die Ritzen dieser Welt. Es erleuchtet hoffnungslose Herzen. Es nimmt den Gewaltsamen und Grausamen ihren Nimbus, als seien sie allmächtig. Es macht denen Mut, die auf Liebe und Menschlichkeit setzen, auf ein Leben in der Nachfolge Jesu, des Gekreuzigten und Auferstandenen. Und es nimmt denen die Angst, die spüren, wie ihre Kräfte nachlassen und wie ihr Leben langsam zu Ende geht.

Wie stellen wir uns die Auferstehung vor? Die Auferstehung ist noch ganz anders. Sie überholt unsere Denkvorstellungen und Begriffe. Unsere Vorstellungen kommen aus der Gegenwart und aus der Vergangenheit. Die Auferstehung kommt aus der Zukunft, aus der Zukunft Gottes – zu unserem Glück. Zu unserem Heil.

Amen

---

[16] In den Medien dieser Tage wurden die massiven militärischen Angriffe des damaligen libyschen Staatschefs Gaddafi auf die Gebiete seines Landes präsentiert, die sich von seinem Regime losgesagt hatten.

Lebenskraft und Zuversicht aus dem Glauben.

Predigt über Hes 34,1-2.10-16.31 am Sonntag Misericordias Domini 2011 im Konfirmationsgottesdienst in der Gustav-Adolf-Kirche Leipzig-Lindenthal

Liebe Konfirmandinnen, liebe Gemeinde,

Der heutige Sonntag, der 2. Sonntag nach Ostern, trägt die komplizierte und altehrwürdige Bezeichnung „Misericordias Domini": von der Barmherzigkeit Gottes. Ein biblisches Bild steht dabei im Mittelpunkt der Lieder und Lesungen: das Bild des guten Hirten. Wir sind ihm deshalb im Psalm 23 und in der Evangelienlesung begegnet. Und wir werden ihm auch im Predigttext wiederbegegnen, einem prophetischen Wort, das ungefähr 2500 Jahre alt ist. Auch wenn wir heute nicht mehr in einer Gesellschaft leben, die von der Landwirtschaft bestimmt wird, verstehen wir wohl dennoch, dass dieses Bild – Gott ist wie ein guter Hirte – wunderbar ausdrücken kann, was das ist: die Barmherzigkeit Gottes.

Und: Der heutige Sonntag ist zugleich der Tag der Konfirmation. 26 junge Mädchen und Jungen werden heute in den drei Kirchen unserer vier Schwestergemeinden konfirmiert: in Leipzig-Wahren, in Lützschena und hier in Lindenthal. Wir freuen uns sehr über die große Zahl der jungen Leute, die heute ihr Jawort zu ihrer Taufe sprechen wollen. Und wir freuen uns über Euch drei, die Ihr heute in Lindenthal Eure Konfirmation empfangt.

Ich finde es gut, dass Eure Konfirmation gerade an diesem Sonntag stattfindet. Nicht nur wegen des wunderbaren Wetters im Mai, sondern auch wegen des Themas an diesem Sonntag und wegen des zentralen biblischen Bildes von Gott als dem guten Hirten. Denn die Konfirmation findet ja statt am Ende der Kindheit, am Beginn eines Lebens als selbstbestimmter, als erwachsener Mensch, der seinen Lebensweg vor sich hat mit allen gewichtigen Entscheidungen, die kommen werden. Und es ist gut, wenn Ihr hier – an dieser Lebensschwelle – fragt, in welche Richtung Euer Leben einmal gehen soll, und vor allem: wem Ihr Euch in Eurem Leben, in Euren künftigen Entscheidungen anvertrauen könnt. Gibt es da eine Kraft, eine Macht, der ich guten Gewissens folgen darf?

Wir hören den Predigttext aus dem Buch des Propheten Hesekiel im 34. Kapitel (Lesung des Textes).

Liebe Konfirmandinnen und Konfirmanden,
gibt es eine Macht, der ich mich anvertrauen kann auf meinem Lebensweg? Der uralte – und deswegen auch vielleicht ein wenig fremd klingende – Text antwortet auf seine Weise auf unsere heutige Frage mit einer *Doppelantwort*.

Zunächst sagt er: *Hütet euch vor falschen Mächten*, vor „Hirten, die sich selbst weiden". Damals waren vor allem die politischen und religiösen Führer des Volkes Israel im Blick. Weil sie die Armen nicht beschützt und sich nur selbst bereichert hatten, weil sie die Gebote Gottes nicht gehalten, sondern missbraucht hatten, deshalb hatten sie ihre Macht verloren und war das Land Israel von fremden Mächten besetzt worden. Deshalb hört der Prophet innerlich Gottes Stimme, wie er spricht: „Siehe, ich will an die Hirten und will meine Herde von ihren Händen fordern; ich will ein Ende damit machen, dass sie Hirten sind.“

In unserer offenen und pluralistischen Gesellschaft denken wir vielleicht weniger an einzelne herausgehobene Führergestalten in der Gesellschaft, im Staat oder in der Kirche, sondern eher an anonyme Mächte, die um Einfluss in der Gesellschaft werben und die auch uns – nicht zuletzt Euch jungen Menschen – einreden wollen: Folgt uns, vertraut euch uns an. Wir führen euch auf eine gute „Weide des Lebens“. Woran denke ich dabei?

- Zum Beispiel an die Macht der Unverbindlichkeit. Sie wirbt mit dem Slogan der Freiheit. „Lege dich ja nicht fest“, sagt sie. „Engagiere dich nirgendwo – nicht in der Schule, nicht zu Hause, nicht in der Kirche, nicht im Jugendclub oder wo auch immer. Halte dir immer alle Hintertüren offen. Es könnte ja sein, du verpasst sonst etwas Wichtiges, weil du gerade eingespannt bist.“
- Oder ich denke an die Macht des schönen Scheins. Sie wirbt mit dem Versprechen des guten Ansehens. „Lege dir eine tolle Hülle zu“, empfiehlt sie. „Klamotten, die anderen imponieren, ein Aussehen, das Eindruck macht. Lass nie jemanden in deine Seele blicken. Am besten ist, du tötest sie einfach ab. Investiere vielmehr in dein Auftreten, in deinen Besitz, in dein Äußeres. Das verschafft dir Ansehen in dieser Gesellschaft. Da bist du wer.“
- Oder ich denke an die Macht, in Scheinwelten flüchten zu können: in elektronische Medien, in Drogen, in Rauschwelten. Diese Macht wirbt mit dem Versprechen, hier – in einer Art Gegenwelt zum Alltag – Glück zu finden und glücklich zu sein. „Wenn das Leben so ist, wie es ist; wenn du sonst nicht vornedran sein kannst, sondern immer wieder einstecken musst: Dann steig aus, fliehe aus deinem Alltag. Komm in meine phantastische Gegen-Welt.“

Auch hinter diesen anonymen Mächten stehen Personen, die zwar so tun, als hätten sie uns im Blick. Aber es sind Menschen und Menschengruppen, denen es vor allem um ihren eigenen Einfluss, um ihre Macht, um ihren Profit geht. Es sind „Hirten, die sich selbst weiden“. Vor ihnen warnt der Prophet, weil sie Glück versprechen, aber doch nur Verderben bringen. Und er warnt nicht nur, sondern er sagt, dass Gott selbst gegen sie vorgegangen sei – damals. Und dass es immer Gottes Anliegen ist, diese falschen Hirten nicht allmächtig werden zu lassen: „So spricht Gott, der Herr: Ich will an die Hirten und will meine Herde von ihren Händen fordern.“

Gibt es eine Macht, der ich mich anvertrauen kann in meinem Leben? Die zweite Antwort des Propheten lautet: *Ja, es gibt eine solche Macht.* Und diese Macht ist Gott. „Denn so spricht Gott, der Herr: Siehe, ich will mich meiner Herde selbst annehmen und sie suchen. Wie ein Hirte seine Schafe sucht, wenn sie von seiner Herde verirrt sind, so will ich meine Schafe suchen und will sie erretten … . Ja, ihr sollt meine Herde sein, die Herde meiner Weide, und ich will euer Gott sein, spricht Gott, der Herr.“ Damals – zur Zeit des Propheten Hesekiel – ging es um die Zusage Gottes, sein Volk zurück in die Heimat zu führen und selbst – trotz schwieriger politischer und religiöser Führer – der gute Hirte seines Volkes zu sein und es auf einen guten Weg zu führen.

Wir als Christen lesen diese Zusage Gottes von Jesus Christus her. Durch ihn hat Gott allen Menschen einen guten Hirten, den guten Hirten, gesandt. Mit ihm gibt es eine Macht, der man sich anvertrauen kann. Er ist einer, der sich lieber selbst aufopfert und für die Seinen hingibt, als seine Anhänger auszunutzen und seine eigenen Interessen in den Mittelpunkt zu stellen.

Gibt es eine Macht, der Ihr Euch anvertrauen könnt in eurem Leben? Wir leben in einer riskanten Welt, in der viele Mächte und Kräfte um Euch werben. Es ist klug, es ist sozusagen auch ein Zeichen des Erwachsenseins, es zu lernen, auf der Hut zu sein und allen falschen Hirten zu misstrauen – so wie Ihr es ja auch lernen musstet und müsst, zwischen guten und falschen Freunden zu unterscheiden. Aus dem Gottesglauben kann auch so etwas wie ein gesundes Misstrauen gegenüber Personen und anonymen Mächten erwachsen, die auf unsere Gefolgschaft abzielen, auf unseren Gehorsam, auf unsere Seele, auf unser Geld. Es war kein Zufall, dass es in den DDR-Jahren immer wieder Kämpfe gab zwischen bewussten Christen und den DDR-Oberen. Die ‚Wende' war, wie es Historiker sagen, eine „Revolution, die aus der Kirche kam". Der Glaube macht kritisch und weckt auch die Kraft zum Widerstand.

Aber er kann solche Kraft nur deswegen wecken, weil er uns nicht in der Skepsis steckenbleiben lässt, sondern weil er unserem Leben eine verlässliche Basis gibt. Wir müssen nicht nur im Misstrauen leben. Der Glaube gibt uns Boden unter die Füße. Er verbindet uns zu unserem Glück mit einer Macht, der wir unbedingt vertrauen können: mit der Macht Gottes. Gott selbst ist in Jesus Christus in diese Welt gekommen als der gute Hirte unseres Lebens. Als der, der sich ganz für die Seinen opfert. Als der, der in allen Tagen unseres Lebens und sogar in der Ewigkeit verlässlich an unserer Seite steht. Ihm haben Euch Eure Eltern und Eure Paten anvertraut in Eurer Taufe. Wenn Ihr heute zu Eurer Taufe Ja sagt, dann meint das zugleich: Ihr sagt Ja zu diesem Vertrauensgrund in Eurem Leben. Ihr erwartet, dass Euch aus diesem Glauben Lebenskraft und Zuversicht erwächst.

Die Psychologen sagen uns, dass es zur Grundausstattung des Menschen gehört, in den Anfangsjahren des Lebens ein Urvertrauen zu entwickeln: in den Sinn des Lebens, in eine bewohnbare Welt, in das Gute, das sich zu tun lohnt. Vor allem die Eltern stehen dafür ein, dass ein Kind solches Urvertrauen entwickeln kann. Kleine Kinder haben zu ihren Eltern ein grenzenloses Vertrauen. Erwachsen werden heißt, sich Schritt um Schritt von den Eltern abzulösen und es zu lernen, dass auch die mächtigen Eltern gar nicht allmächtig sind. Wichtig aber ist, dass das Lebensvertrauen weiter eine Basis behält. Wir als Christen haben solches Lebensvertrauen in unserem Glauben an Gott. Er kann uns auch zur Seite stehen, wenn wir einmal unser Leben ganz allein führen und fortsetzen müssen und wenn uns die Eltern nicht mehr alles abnehmen können. Er wird bei uns sein in guten und in bösen Tagen. Unser Lebensvertrauen hat in ihm eine feste Basis, weil Gott sagt: „Ja, ihr sollt meine Herde sein, die Herde meiner Weide, und ich will euer Gott sein."

Wir können nur wünschen und Gott darum bitten, dass Ihr das in Eurem Leben so ähnlich erlebt und erfahrt: Gott selbst ist mein guter Hirte – mein ganzes Leben lang.

Amen

Vielfalt als Gottes Hoffnungsstrategie.

Predigt über 1. Mose 11,1-8 am Pfingstmontag 2011 zum Berggottesdienst am Scheibenberg (Erzgebirge)[17]

Liebe Gemeinde,
die Erzählung vom Turmbau zu Babel, die wir gerade gehört haben, gehört zu den sogenannten Urgeschichten der Bibel und ist sicher eine der bekanntesten. Diese Geschichten heißen so, weil sie so etwas wie Urmodelle darstellen, wie der Mensch ist und wie Gott sich dazu stellt. Das, was für den Menschen ganz typisch ist und was immer wieder passiert, haben sie in Modellerzählungen verdichtet. Was ist für den Menschen typisch?

Zum Beispiel, dass er Türme baut. In meiner Stadt Leipzig waren die Türme der Thomas- und der Nikolaikirche bis zum Ende des 19. Jahrhunderts die höchsten Erhebungen der Stadt. Da aber entschlossen sich die damaligen Stadtväter, einen massiven Rathausturm zu bauen, der die Kirchtürme weit in den Schatten stellen sollte. Und 1968 entschied Walter Ulbricht, die alte Universitätskirche und die alte Universitätsfassade sprengen zu lassen und stattdessen eine „sozialistische Universität" bauen zu lassen – mit einem Hochhaus in der Mitte, das wiederum alle bisherigen Türme überragen sollte. Türme sind immer auch Symbole der Macht.

Es ist kein Zufall, dass der tödliche Angriff der Al-Kaida-Terroristen auf New York auf die beiden riesigen Türme des Welthandelszentrums zielte, Symbole des westlichen Wirtschaftssystems und des westlichen Wohlstandes – so jedenfalls in den Augen der Terroristen. Und es ist ebenfalls kein Zufall, dass gegenwärtig die Finanzmetropolen der Welt um das höchste Bauwerk der Erde wetteifern. Asien hat zur Zeit die USA abgehängt und präsentiert in Dubai seinen Hotel- und Büroturm von 828 m Höhe. Das Turmbauen ist noch immer in vollem Gange.

Auch das Turmbauen im übertragenen Sinne. Hoch hinaus will man auch weiter in der Wissenschaft und Technik, in der Erzeugung von immer mehr Energie für eine energiehungrige Welt. Hoch hinaus will man in einer inzwischen global agierenden Wirtschaft. Kühne Schritte ins Neuland will man gehen in der Gentechnologie oder in der Hochleistungsmedizin.

Aber was hat Gott gegen solches Türmebauen? Warum schreitet er in unserem Text dagegen ein? Es gibt eine humoristische Version der Turmbaugeschichte aus der Feder des Schriftstellers Georg Lauer, die er unter dem Titel „Wie der Herr einmal einen ganz schlechten Tag hatte" veröffentlicht hat. Da erzählt er die Geschichte aus der Perspektive eines sehr menschlich-allzumenschlichen Gottes, der schlecht geschlafen hat und dem der Frühstücksengel dann auch noch eine Tasse kalten Kaffee kredenzt hat. Und der sich nun vornimmt, die Turmbauer zu bestrafen, weil sie immer noch nicht mit dem Unsinn aufgehört haben. Doch der Versöhnungsengel stellt sich quer und empfiehlt Gott, die Menschen doch einfach machen zu lassen, was sie wollen. „Denn", so sagt er zum Herrn, „tun sie denn nicht das, was du ihnen aufgetragen hast: Sie machen sich die Erde untertan?"

---

[17] Zu diesem Gottesdienst an den sogenannten „Orgelpfeifen" des Scheibenberges versammelt sich seit einigen Jahren am Pfingstmontag eine große regionale Gemeinde. Die liturgisch Handelnden werden dabei von Personen in der traditionellen erzgebirgischen Bergmannstracht flankiert, die dabei alte Bergmannsfahnen mitführen.

Hat der Versöhnungsengel nicht Recht? Tun sie nicht, was menschengemäß ist? Was hat Gott gegen solches Turmbauen? Ob es mit den Gründen zusammenhängt, warum Menschen solche Türme im wortwörtlichen und im übertragenen Sinn bauen? In der biblischen Geschichte werden zwei Motive nebeneinander genannt: „Wohlauf", sagen die Leute aus der „Ebene im Lande Schinar", „lasst uns eine Stadt und einen Turm bauen, dessen Spitze bis an den Himmel reiche ...; denn wir werden sonst zerstreut in alle Länder." Das ist das eine Motiv, von dem sie überzeugt sind: Eine Gemeinschaft braucht ein Zentrum, dass man sich nicht aus den Augen verliert, ein Symbol. Und sie braucht gemeinsame Aufgaben, die sie verbinden. Das wissen wir aus unseren Familien, wie gut es ist, wenn man gemeinsame Interessen hat und wenn man sie pflegt. Oder aus der Ortsgemeinde, wie sehr das verbindet, wenn man z.B. gemeinsam um eine Umgehungsstraße gekämpft hat. Oder aus der Kirchgemeinde, wenn viele bei der Kirchenrenovierung mitgeholfen haben. Für viele Bauprojekte gibt es ehrenwerte Motive. Das ist ja wahr: Ziegel brennen und bauen, Wissenschaft betreiben und forschen, Umgehungsstraßen bauen und Kirchen renovieren, die Grundlagen der Energie sichern und für stabile wirtschaftliche Verhältnisse sorgen – das alles gehört doch mit zum Schöpfungsauftrag, sich die Erde untertan zu machen, dafür zu sorgen, dass auf ihr sieben Milliarden Menschen und vielleicht bald noch mehr leben können. Das alles sind höchst nötige Aufgaben, für die wir uns engagieren können und sollen. Was soll denn Gott gegen solches Bauen haben?

Es hängt vor allem mit dem zweiten Motiv zusammen, das die Turmbauer vorbringen. „Wohlauf", sagen sie, „lasst uns eine Stadt und einen Turm bauen, dessen Spitze bis an den Himmel reiche, damit wir uns einen Namen machen". Ganz offen sagen sie das, was meist eher verschwiegen wird. Es gibt nicht nur das Motiv, etwas für die Gemeinschaft und für den anderen zu tun. Es geht ihnen auch und vor allem um sich selbst. Sie wollen sich selbst einen Namen machen. Sie wollen sich abheben von der Masse. Sie wollen sich nicht mit den traditionellen menschlichen Grenzen begnügen. Sie wollen etwas Gigantisches tun, etwas noch nie Dagewesenes. Sie wollen – wenigstens etwas – sein wie Gott. „Damit wir uns einen Namen machen". Wer das will, der muss immer höher, immer weiter, immer schneller, immer teurer werden: „Damit wir uns einen Namen machen". Wer sich auf jeden Fall einen Namen machen will, dem ist jede Lüge recht für sein Projekt. Der geht notfalls über Leichen. Dem sind die Kosten egal, die andere dafür bezahlen müssen. Der preist den angeblichen Fortschritt und verharmlost die vielen schlimmen Folgen. Deshalb ist Gott dagegen.

Ihm droht durch den Turmbau keine Gefahr. Er muss erst „herniederfahren", um das Türmchen überhaupt sehen zu können. Aber den Menschen droht Gefahr, der Tier- und Pflanzenwelt, der ganzen Erde. Deshalb geht Gott dazwischen und lässt das babylonische Projekt scheitern.

Liebe Gemeinde, vielleicht geht es manchen von Ihnen so wie mir: Hinter den Umrissen des Turms zu Babel sehe ich seit dem schlimmen Unglück in Japan immer wieder auch die Umrisse der Ruinen von Fukushima. Richtig daran ist wohl, dass es sich bei der Atomenergie in der Tat um einen babylonischen Turm handelt, um eine Technologie, mit der sich viele einen Namen gemacht und mit der viele viel Geld verdient haben, eine Technologie, die aber das menschliche Maß übersteigt. Wo die Atom-Abfälle Zehntausende von Jahren die Erde bedrohen, wo die Risiken eines Unfalls so ungeheuer sind, dass große Regionen für Jahrhunderte unbewohnbar werden – dort hat der Mensch seine Grenzen überschritten und seinen Schöpfungsauftrag missbraucht. Atommeiler sind babylonische Bauwerke. Es ist gut, dass wir in Deutschland anfangen, von diesem monströsen Projekt Abschied zu nehmen.

Und dennoch ist zwischen der alten biblischen Geschichte und den Bildern der letzten Monate aus Japan zugleich ein riesiger Unterschied: Gott verhindert die Vollendung des Turms, aber er zerstört ihn nicht. Gott verwirrt die Sprache der Menschen, er stört ihre Kommunikation. Aber er bestraft sie nicht wie ein beleidigter und rachsüchtiger Herrscher. Er ist vielmehr weiter an den Menschen interessiert. Sie sollen eine Zukunft haben, gerade wenn sie so sind, wie sie sind – mit ihrer Tendenz zum Gigantischen, mit ihrer Sucht, sich selbst zu kleinen Göttern zu machen. Und deshalb setzt Gott an die Stelle der Einheit, der Einheit der Sprache, des Denkens, des einen gigantischen Projekts – die Vielfalt, die Vielsprachigkeit, die Zerstreuung in unterschiedliche Zentren und Länder.

Wir sollten nicht glauben, dass Gott den Tod Tausender Menschen in Japan gewollt und dass er die Kernschmelze im Atomkraftwerk inszeniert hätte, damit die Menschheit aufwacht. Er hat zugelassen, was geschah, rätselhafter Weise. Aber es ist nicht sein Werk, seine Aktion. Er will nicht den Tod, sondern das Leben der Menschen. Auch der Gott in unserer Geschichte ist kein Rachegott. In ihr geht es nicht um Rache, Vergeltung und Gericht, sondern um die Vielsprachigkeit, die Gott erfand, um das Überleben zu sichern.

Vielsprachigkeit macht Kommunikation anstrengender. Das wissen wir, wenn wir in andere Länder reisen. Es macht Mühe, sich die andere Sprache anzueignen und sich in die andere Kultur hineinzudenken. Die anderen Sprachen sind aber nicht nur Kommunikationsbarrieren, sondern kleine Welten für sich mit eigenen Kulturen, mit jeweils eigenen Erfahrungen. Ein Sprachwissenschaftler unserer Tage hat einmal geschrieben: „Die verschiedenen Sprachen sind verschiedene Weisen, die Welt zu sehen, die Welt erscheinen zu lassen, die Welt zu entdecken: Natürlich setzt jede Sprache Grenzen, Mauern, an denen man sich auch einmal Beulen holen kann. Aber gerade deswegen ist es ja wichtig, dass es nicht nur eine davon gibt, sondern viele, die jeweils andere Grenzen setzen. Jede entdeckt dabei etwas Anderes, das die andere nicht gesehen hat."[18]

Vielsprachigkeit – das kennen wir auch im übertragenen Sinne. Stärker als früher spüren viele von uns, dass jeder und jede – vielleicht schon in einer Familie – ein wenig anders glaubt. Auch unsere Gemeinden unterscheiden sich. Die eine ist mehr in der Welt der Liturgie zu Hause, die andere ist stärker durch Formen der Geselligkeit oder durch diakonische oder missionarische Aktionen geprägt. Die vielen Sprachen, die vielen Erfahrungen, die vielen Sichtweisen machen das Miteinander zwar manchmal kompliziert. Aber sie bereichern es auch. Sie sind keine Strafe, sondern auch ein Geschenk. In dieser besonderen Art einzugreifen, zeigt Gott schon etwas sein helfendes, barmherziges und lebensförderndes Gesicht.

Aber die Sprachverwirrung ist auch noch nicht die letzte Aktion Gottes. Wir erinnern uns an die Geschichte vom Turmbau zu Babel nicht zufällig am Pfingstfest 2011. Auch zu Pfingsten geht

[18] Jürgen Trabant: Europäisches Sprachdenken, München 2003, 325, zit. nach: Göttinger Predigtmeditationen, in: Pastoraltheologie 100, 2011, 293.

es um Vielfalt: Parther, Meder und Elamiter waren damals zum ersten Pfingstfest versammelt, Juden und Griechen, Kreter und Araber und noch viele andere. Sie alle hatten ihre eigene Muttersprache. Es war normalerweise ziemlich schwierig, sich untereinander zu verständigen. Aber sie erlebten es, dass sie alle die Predigt des Petrus verstanden. So verschieden sie waren, so unterschiedlich ihre heimatlichen Kulturen waren, und so sehr sich die Vokabeln ihrer Sprachen sonst unterschieden: Sie verstanden es, was Petrus sagte: dass Gott in dem Menschen Jesus in diese unsere Welt gekommen war, dass er von den Mächtigen abgelehnt und umgebracht worden war und dass Gott ihn auferweckt hatte. Sie begriffen es, dass Gott selbst in diese Welt gekommen ist, in der sich Menschen immer wieder einen Namen machen wollen durch gigantische Projekte und maßlose Ideen und Wünsche. Die Worte des Apostels veränderten sie und führten sie zur Buße und zur Taufe.

Die Sprachverwirrung von Babylon war nicht die letzte Aktion Gottes, sondern das Evangelium und der Geist des Verstehens und der Verständigung, den die ersten Christen empfingen. Der Heilige Geist beendet nicht die Vielsprachigkeit der Menschen. Er wischt die verschiedenen Erfahrungen nicht beiseite. Er errichtet kein gigantisches einheitliches Weltprojekt unter scheinbar christlichen Vorzeichen. Sondern er sorgt dafür, dass die Verschiedenen gemeinsam das Evangelium hören und verstehen können. Er ermöglicht „Einheit in der Verschiedenheit" – auch über die Konfessionsgrenzen hinaus. Und er ermutigt immer wieder Menschen, vom Geist des Gigantismus abzulassen, vom menschlichen Trieb, sich unbedingt einen Namen zu machen, und sich statt dessen Gott anzuvertrauen, dem Gott, der uns in der Taufe zu seinen Kindern berufen und uns bei unserem Namen gerufen hat. Bei ihm haben wir schon längst einen Namen.

Wir wollen Gott bitten, dass er diesen Geist auch zu uns sendet – zu uns persönlich, in unsere Familien und Freundeskreise, in unsere Kirchen und Gemeinden, in unsere babylonische Welt. Nichts brauchen wir nötiger als Gott und seinen Geist. Gut, dass er da ist und dass er sich rufen lässt.

Amen

Eine Hoffnung über das Bestehende hinaus.

Predigt über Joh 1,35-42 am 5. Sonntag nach Trinitatis 2011 in der Auferstehungskirche Leipzig-Möckern und der Gnadenkirche Leipzig-Wahren

Liebe Gemeinde!

- Da laufen sie herum: junge Leute, vielleicht achtzehn oder zwanzig Jahre alt, uniformiert schwarz gekleidet oder mit grün gefärbten Haaren, mit einem Ring in der Nase und zehn anderen durch die Ohren. Worauf wollen sie hinaus? Was schwebt ihnen vor? Was suchen sie?
- Da sitzen sie wieder einmal im Reisebus: eher ältere Leute. Eine deutsche Großstadt steht auf dem Programm, vielleicht Leipzig. Kirchen, Museen, Rathäuser, Schlösser, Gaststätten, Kaufhäuser. Besichtigung im Eiltempo. Fotos, Souvenirs. Was suchen sie? Nur das ästhetisch befriedigende Gefühl durch die alte Schönheit? Oder ob sie irgendwie auch auf der Suche sind nach sich selbst?
- Da liegt er nun plötzlich in einem Krankenbett in der Herzklinik: der stets aktive Mann Ende fünfzig. Plötzlich ist er herausgerissen worden aus seinem Leben voller Arbeit. Bisher war für ihn klar: Leben heißt arbeiten. Aber nun? Wenn dieses Lebenskonzept so nicht mehr weitergeht: Was kann dann das Leben für ihn sein?

Immer wieder sind Menschen auf der Suche. Leben – das heißt: suchen, auf der Suche sein. Schon äußerlich gilt das: einen Beruf suchen, einen Arbeitsplatz, eine Wohnung, Kontakte. Aber auch innerlich: einen Lebenspartner suchen, der zu mir passt. Lebenseinstellungen gewinnen; wissen, was man will und was man nicht will. Eine neue Lebenskontur suchen, nachdem die alte zerbrochen ist, nach neuem Glück und neuem Sinn suchen – nach dem Ende der aktiven Arbeitsphase, nach dem Ende einer Ehe, nach dem Scheitern eines Weges.

Immer wieder sind wir auf der Suche. Leben – das heißt: suchen. Und manchmal ahnen wir, dass wir bewusst oder unbewusst bei aller unserer Lebenssuche nach dem Zentrum von allem, nach Gott, suchen, danach, wo unsere Seele zu Hause sein kann, nach einem Lebensgrund, auf den man sich verlassen, an den man glauben kann. Von einer solchen Suche spricht unser Bibelwort, das uns als Predigttext aufgegeben ist: Joh 1,35-42 (Lesen des Textes).

In unserem Text sind zwei junge Leute auf der Suche. Irgendwann sind sie ausgebrochen aus ihrer Lebenswelt. Sie wollten sich nicht abfinden mit den Verhältnissen: mit der Hoffnungslosigkeit der kleinen Leute, mit den frommen oder geschäftlichen Tricks der Reichen, mit einem routinemäßig verwalteten Religionssystem, mit Besatzern und einem Staat voller Gewalt. Sie hatten sich Johannes angeschlossen, dem Bußprediger, der sich aus diesen Verhältnissen radikal zurückgezogen hatte und der in der Wüste lebte. Der hatte sie fasziniert: Wie er kompromisslos das Gericht Gottes verkündigte, wie er zur inneren Wende aufforderte, ohne Angst vor den Mächtigen, wie er selbst seine Absage an die Verhältnisse in seinem radikalen Lebensstil ausdrückte. Sie waren seine Schüler, seine Jünger geworden.

Leute wie der radikale Johannes sind für Menschen attraktiv, die das vorhandene Lebenssystem tief in Frage stellen. Sie wirken auf junge Menschen faszinierend, die an den

Verhältnissen leiden und die deutlich auf der Suche sind nach Anderem, Besserem, Tragfähigerem. Sie sind auch für solche attraktiv, die sich äußerlich so merkwürdig ausstaffieren und sich damit symbolisch zu erkennen geben als Suchende. Allerdings: Wer auf der Suche ist nach Alternativen, der ist schnell verführbar. Der begegnet nun sehr unterschiedlichen, oft gefährlichen Personen und Ideologien – Linken und Rechten, Frommen und Unfrommen, Leuten, die andere an sich ketten und ausnützen wollen. Der kann sehr leicht in deren Bann geraten und für gefährliche und fragwürdige Ziele missbraucht werden.

Unsere beiden jungen Männer waren so zu Johannes, dem radikalen Bußprediger in der Wüste gekommen, zu dem Menschen, der sich allerdings von allen Ideologen vor ihm und nach ihm dadurch grundlegend unterschied, dass er von sich auf einen anderen verwies: „Siehe, seht genau hin: Dieser Jesus, der da in der Nähe ist, das ist Gottes Lamm. Der ist nicht nur ein Prophet wie ich und wie die anderen vor mir. Das ist kein Kämpfer mit Waffengewalt für die Sache des Reiches Gottes wie die Zeloten. Das ist der Gottesknecht, das Opferlamm Gottes, von dem Jesaja geschrieben hat. Das ist der Versöhner, der Beauftragte Gottes, der Messias.“ Offensichtlich macht er seine Jünger, auch unsere beiden, erst auf Jesus aufmerksam.

Und so machen sie sich erneut auf, und zwar nicht zurück in die Vergangenheit, in den sogenannten Realismus derer, die sich im alternativen Denken und Verhalten ausgetobt und nun gemerkt haben, dass es nicht weiterführt. Die nun nur noch zynisch ihr möglichst großes Stück von dem Kuchen des Reichtums abbekommen wollen. Die beiden machen sich erneut auf die Suche, erneut auf in die Zukunft: Jesus hinterher.

Und nun passiert der kleine Dialog, der wohl nicht so schnell in unsere Vorstellungen von Jesus und von Glaubenlernen, von Mission und Evangelisation passt: „Was sucht ihr?“, fragt Jesus. Was sollen sie sagen? Wissen sie, was sie suchen? Jesus besteht nicht auf einer intellektuell und sprachlich durchdachten Antwort. Aber er besteht auf seiner Frage: „Was suchst du – du Mensch? Worauf willst du hinaus mit deinem Tun und Lassen? Warum fährst du so oft in der Weltgeschichte herum? Was bedeutet deine Krankheit für dich? Was fasziniert dich an diesem und jenem? Was suchst du im Gottesdienst?“ Offensichtlich will Jesus, dass wir über uns selbst nachdenken, dass wir uns versuchen bewusst zu machen, worauf wir hinauswollen – und auch, was wir speziell von ihm erwarten: „Was sucht ihr?“

Die beiden bleiben eine präzise Antwort schuldig. Sie antworten stattdessen mit einer sonderbaren Rückfrage: „Rabbi, Meister – wo ist deine Herberge?“ Was soll diese Rückfrage? Ob sie ahnen, dass man an der „Herberge“, an der jeweiligen Wohnung, meist etwas vom Wesen eines Menschen erkennen kann? Meine Wohnung offenbart etwas von mir, von meinem Geschmack, von meinen Lebenszielen, von dem, was mir bedeutsam ist, von meiner persönlichen Kultur, von meinem Glauben. Ob sie so Jesus genauer kennenlernen, ihn „entschlüsseln“ wollen? Dann hieße ihre Frage: Wo ist deine Herberge? Kannst du sie zeigen, damit wir dich kennenlernen können?

Oder fragen sie so zurück, weil es ihnen nicht nur um intellektuelles Wissen geht, um Diskussion, um Theorie, sondern um „Herberge“, um „Heimat“, um ein inneres Zuhause-Sein? Dann hieße ihre Frage: Wo ist deine Herberge? Kann die auch unsere werden? Können wir bei dir bleiben – jetzt und vielleicht unser Leben lang?

Jesu Antwort: „Kommt und seht!“ Jesus akzeptiert die Rückfrage der beiden. Er versteht wohl, was sie suchen. Und so lädt er sie ein – in seine „Herberge“ für einen ganzen Tag. Und da finden sie, was sie suchen. Da finden sie nicht nur einen Menschen mit außergewöhnlichen Gaben, mit einer faszinierenden Ideologie. Da finden sie den Menschen Gottes: den Messias. Da finden sie Heimat für ihre Lebenssuche.

Das muss ja ein faszinierendes Erlebnis gewesen sein: die Begegnung mit der „Herberge“ Jesu, dass sie eine solche bezwingende Wirkung hatte. Was mag das sein, was ihnen so imponiert hat und was ihnen Jesus so durchsichtig gemacht hatte?

Offensichtlich war die Wohnung Jesu kein königlicher Palast, vor dem man schon von weitem voller Bewunderung stehen bleibt. Offensichtlich hatte sie kein großes Vorzimmer, in dem die Bittsteller sitzen und warten mussten, bis sie vorgelassen wurden. Offensichtlich gab es da keinen Festsaal mit Meißner Porzellan und Silberbesteck, in dem Jesus mit den Honoratioren üppig speisen konnte. Jesu Herberge hatte nur wenig gemeinsam mit dem, was wir Christen dann später als Herbergen Jesu gebaut haben: gotische Dome und barocke Kirchen mit ihrem Glanz, Häuser, in denen schon ein bisschen was von dem himmlischen Glanz der ewigen Heimat Jesu sichtbar werden sollte und mit denen man oft wohl auch den Menschen imponieren wollte.

Jesu Herberge? Das war vielleicht ein kleines Zimmer in dem Nest Kapernaum, in dem er für einige Zeit mietfrei wohnte, weil ihn jemand aus Barmherzigkeit aufgenommen hatte. Das war vielleicht auch nur eine Nische in einem Raum. Oder das war vielleicht ein Zelt auf einem Hügel in Galiläa, in dem Jesus mit einigen Anhängern schlief und vor Regen Schutz suchte. Das war vielleicht oft nicht einmal das. „Die Füchse haben Gruben und die Vögel haben Nester, aber der Menschensohn hat nichts, wo er sein Haupt hinlegen kann“, so hat es Jesus einmal selbst gesagt. Jesu Herberge? Das war etwas zum Vergessen, zum Übersehen. Aber es muss noch mehr gewesen sein. Sonst wären die beiden nicht Jesu Jünger geworden. Jesu Herberge: Das war trotz aller Kümmerlichkeit sicher auch: Zeit zum Miteinanderreden – zum Zuhören und Verstehen; ein Ort, zu dem auch andere Zutritt hatten, mit denen man als anständiger Bürger und Gottesmann nicht verkehrte; ein Raum für die Not anderer; ein Ort der Seelsorge; ein Ort des Gotteslobes in allem und trotz allem; ein Ort des Gebets; ein Fleck, um bescheidene gemeinsame Mahlzeiten einzunehmen und gemeinsam zu feiern.

Diese Herberge haben die beiden gefunden. Und mit ihr den Messias, freilich einen ganz anderen Messias, als viele erwartet hatten. Weder einen, der dreinschlägt und alles kaputtmacht, was gegen Gott steht; noch einen, der noch mächtiger und noch glänzender ist als die Mächtigen. Den hatten sie gefunden, mit dem Gottes schwache Liebe in diese Welt gekommen ist: Gottes Lamm. Und über den wurden sie sich so gewiss, dass sie hingingen und auch andere zu ihm hinbrachten, wie zum Beispiel Simon, der von Jesus den Namen Kephas bzw. Petrus, d.h. Fels, erhält.

Unsere kleine Geschichte will uns, will alle Menschen, die auf der Suche sind, einladen, innere Heimat zu finden, Herberge, einen letzten Grund und Halt. Einen Ort, wo unser Glaube wohnen und sich niederlassen kann. Einen solchen Ort können wir nicht selber machen. Kein Mensch, und sei er noch so faszinierend radikal oder bedingungslos fromm, kann dieser Ort sein. Keine Ideologie kann ihn ersetzen. Ein solcher Ort muss nicht unbedingt imponieren durch architektonischen Glanz oder durch Zeichen großer Macht. Manchmal führt das sogar eher in die Irre. Wo Jesus ist – dort kann unser Glaube wohnen. Dort finden wir, was wir suchen – und wonach unbewusst wohl alle Menschen suchen: eine Hoffnung über das Bestehende hinaus, einen Sinn trotz allem Unsinn. Dort, wo Gott gelobt wird und nicht nur wir Menschen. Dort, wo Jesu Worte weitergegeben werden. Dort, wo man Brot und Wein und die Not miteinander teilt. Dort, wo man sich in aller Freude und in allem Leid Gott ganz in die Hände gibt und anfängt, ihm zu vertrauen. Dort, wo man auf eine Liebe setzt, die stärker ist als alles, die sogar stärker ist als der Tod.

Euch, dich und mich, uns alle lädt Jesus ein in seine Herberge – das heißt zu sich selbst: „Kommt und seht!“ Lassen wir uns einladen!

Amen

Der offene Himmel auch über uns.

Predigt über Mk 1,40-45 am 14. Sonntag nach Trinitatis 2011 im Universitätsgottesdienst, Nikolaikirche Leipzig

Liebe Gemeinde,
die Dankbarkeit scheint nicht gerade eine ausgeprägte Tugend unserer Zeit zu sein. Wer in einer Überflussgesellschaft lebt, ist gewöhnt, fast alles zu haben. So ist das Danke-Sagen selten geworden unter uns.

Es ist gut, dass wir mit den Texten dieses Sonntags dazu aufgefordert werden, das Gute nicht zu vergessen: „Lobe den Herrn, meine Seele, und vergiss nicht, was er dir Gutes getan hat" – so der Wochenspruch. Und das Evangelium stellt uns den geheilten Samariter vor Augen, der als Einziger nach seiner Heilung umkehrt und sich bei Jesus bedankt.

Das Danken ist selten geworden unter uns. Vielleicht liegt es aber gar nicht nur an der Überfülle, in der wir leben? Vielleicht liegt es auch daran, dass wir uns Dankbarkeit viel zu oft in einem ganz braven Gewand vorstellen: als Variante der Höflichkeit, als konventionellen Ritus? Aber worin besteht Dankbarkeit? Sind dankbare Leute nur die, die einen ordentlichen Diener machen können und die wissen, was sich gehört – Gott und den Menschen gegenüber? Oder kann sie mitunter sogar ein rebellisches und freches Gesicht tragen? Mir scheint es, dass der Predigttext uns von dieser anderen Spielart der Dankbarkeit erzählen will:
(Lesung des Textes)

Was wird uns erzählt? Der Evangelist richtet wie in einem abgedunkelten Theater seinen erzählerischen Scheinwerfer nacheinander auf *die Akteure* dieses Geschehens.

Zunächst tritt *ein Aussätziger* in den Lichtkegel. Der mit einer schlimmen Hautkrankheit gezeichnete Mann tritt einfach an Jesus heran. Man kann es sich kaum vorstellen, wie er das geschafft haben mag. Aussätzige – das waren doch die Leute, die auf Abstand zu bleiben hatten von den Gesunden. Das waren Leprakranke mit ihren absterbenden, oft sogar schon verstümmelten Gliedern, aber wohl auch Menschen mit anderen schlimmen Hautkrankheiten, die wir heute als Neurodermitis oder Allergien bezeichnen würden. Wer aussätzig wurde, wurde nicht nur aus dem normalen Leben ausgestoßen, aus der eigenen Familie, aus der religiösen und kommunalen Gemeinschaft. Dem war streng verboten, öffentliche Versammlungen zu besuchen. Der musste vielmehr immer dann, wenn sich ihm Gesunde näherten, durch laute Rufe „unrein, unrein!" auf sich und auf den nötigen Abstand aufmerksam machen. Aussätzig sein, das hieß nicht nur körperliches Elend tragen, sondern zugleich auch schlimmste soziale Ausgrenzung. Das hieß nicht nur, eine unreine Haut zu haben, sondern auch mit sich, mit Gott und der Welt nicht im Reinen zu sein. Aussätzige, Ausgesetzte, Ausgegrenzte, galten schon als tot bei lebendigem Leibe.

Aber der Kranke in unserer Geschichte lässt sich schon jetzt, zu Beginn unserer Geschichte, nicht vorschreiben, was er zu tun hat. Er durchbricht alle sozialen und hygienischen und religiösen Schranken. Er geht auf Jesus zu, kniet nieder und bittet ihn um Hilfe: „Willst du, so kannst du mich reinigen." Er hat noch so etwas wie eine letzte Hoffnung, die ihm die Frechheit bewahrt, sich über die sozialen Regeln hinwegzusetzen und Jesus um Hilfe zu bitten. Das muss er gehört haben, dass dieser Jesus nicht nur eindrucksvoll predigen, reden und diskutieren, sondern auch heilen kann. Deshalb fällt er vor ihm auf die Knie …

Das Elend der Aussätzigen von damals ist unter uns – Gott sei Dank – weithin ausgestorben. Aber noch immer muss das Elend schlimmer Krankheiten getragen und ertragen werden. Unsere modernen Krankenhäuser mit ihren modernen teuren Geräten und ihrem hohen Komfort können manches Elend lindern und manche Erkrankung heilen helfen. Aber wer kann schon mit sich und mit Gott im Reinen sein, wenn er plötzlich aus dem Alltag der Gesunden und Leistungsfähigen herausgerissen wird? Wenn ein Unfall mit schlimmen Verletzungen alle Pläne verändert? Wenn plötzlich Krebs festgestellt wird, oder wenn eine Herzoperation nötig wird? Manche von uns waren einmal selbst in einer solchen Lage. Wie da auf einmal das ganze Lebenshaus ins Wanken gekommen war! Und manche denken vielleicht an einen Besuch bei einem Freund oder bei einem Kollegen im Krankenhaus vor wenigen Tagen, wie ich es vorgestern erlebt habe.

Der Lichtkegel in unserer Geschichte wandert weiter. *Jesus* wird jetzt angestrahlt, das, was er angesichts dessen tut und sagt, der mit seiner frechen Hoffnung und mit seinem grenzenlosen Vertrauen vor ihm kniet. „Es jammerte ihn", übersetzt Luther. Es tat Jesus im Herzen weh, den Kranken so zu sehen. Jesus ist kein cooler Typ, kein Mensch mit kaltem Herzen, sondern einer, der im Innersten mitleidet und der sich bewegen lässt vom Elend. Und so streckt er seine Hand aus. Die Grenze zwischen den Gesunden und den Kranken, die der Aussätzige schon verletzt hatte, schiebt Jesus noch ganz zur Seite. Er begegnet ihm und berührt ihn. Und dann spricht er sein vollmächtiges Wort: „Ich will dich rein machen. Sei rein!" Und dieses Wort hat die Vollmacht zu heilen.

Jesus muss eine besondere Vollmacht zum Heilen besessen haben. Was da letztlich geschehen sein mag, geht über das hinaus, was wir verstehen und erklären können. Aber vielleicht kann es ein kleiner Hinweis zum Verstehen sein, wenn Hautspezialisten heute von einem engen Zusammenhang zwischen der Hauterkrankung und seelischem Leiden ausgehen und wenn sie viele Hautkrankheiten als „Botschaften der Seele" verstehen. Es ist sicher kein Zufall, dass Jesus sich bei seinen Heilungen dem ganzen Menschen, seiner Seele und seinem Leib zugewendet hat.

Das Verhalten Jesu hat Schule gemacht. Und es wirkt – Gott sei Dank – auch noch in unserer Zeit kräftig nach. Ein berühmter Historiker hat einmal gesagt, die alte Welt – die Welt zur Zeit Jesu, die Welt der alten Griechen und Römer – sei eine „Welt ohne Liebe"[19] gewesen. Dabei meint er nicht: ohne Erotik und Sex, wohl aber: ohne Agape, ohne eine Liebe, die mit dem Menschen in seiner Not mitleidet. Die habe erst das Christentum in die Welt gebracht. Vielleicht ist diese These überzogen. Aber sie erfasst dennoch etwas Wesentliches: Dass der christliche Glaube seit Jesus nicht denkbar ist ohne Agape, ohne ausgestreckte Hände zu den Elenden aller Zeiten, ohne das Bemühen um Berührung und Heilung. Es gibt nicht nur eine peinliche Geschichte des Christentums mit Kreuzzügen und Hexenverbrennungen; es gibt auch eine Geschichte der Zuwendung zu den Leidenden, die sich mit dem Christentum verbindet, die heute oft vergessen wird und in den vielen Mittelalterromanen kaum erzählt wird. Sie reicht von der Mahnung im

[19] Gerhard Uhlhorn: Die christliche Liebestätigkeit, Neukirchen 1959 (Reprint der 2. Auflage Stuttgart 1895).

Jakobus-Brief, die Kranken zu besuchen, sie zu segnen und zu salben und mit ihnen zu beten, über die Spitäler, die die Klöster im Mittelalter einrichteten bis hin zur Begründung der modernen Diakonie im 19. Jahrhundert. Und diese Geschichte der Zuwendung hat eine ganze Kultur geprägt, weit über die Grenzen der Kirche hinaus: die Menschenrechte, die Sozialgesetzgebung, viele Projekte in der modernen Medizin, die zahlreichen modernen Bemühungen um die Integration von Kranken und Behinderten – vom Kindergarten bis zur Altenbetreuung.

Jesus tat es im Herzen weh und er streckte seine Hand aus. Für mich ist das nicht nur kulturgeschichtlich wichtig, sondern auch für meinen Glauben. Wenn Sie mich nach meinem Gottesbild fragen würden, dann würde ich beispielsweise auf diese Szene verweisen: Ich glaube an einen Gott, den es jammert, wenn er das Elend dieser Welt sieht und auch mein eigenes kleines oder großes Elend. Ich glaube an einen Gott, der seine Hand ausstreckt und die Distanzen der Angst, des Egoismus, des Separatismus überwindet. Damit kann ich zwar nicht alle Fragen beantworten, warum Gott dieses Leid und jenes Unglück zulässt. Gott bleibt für mich oft auch im Dunkeln. Aber ich kenne seine helle Seite, und ich will mich auf sie verlassen, so wie sich der Aussätzige auf Jesus verlassen hat: auf das Herz Gottes, das nicht kalt bleibt, auf seine Hand, die er ausstreckt und auf sein Wort, das Situationen verändern und Berge versetzen kann.

Der Scheinwerfer wandert in unserer Geschichte schließlich noch einmal von Jesus zu dem *Hilfesuchenden.* Es muss für ihn ein ungeheures Wechselbad der Gefühle gewesen sein: Auf der einen Seite erlebt er, wie Jesus auf ihn zugeht, wie er ihn berührt, wie er so seine Seele aus der Isolation herausholt und wie er sein befreiendes Wort spricht. Er erlebt, wie die Krankheit von ihm weicht. Er erfährt unmittelbar die Liebe Gottes. Er spürt den offenen Himmel über sich wie Jakob mit seinem Traum von der Himmelsleiter. Er sieht wieder in eine offene Zukunft. Er darf wieder leben, gesund und integriert wie andere auch. Er hat wieder Zugang zu Gott und zur Gemeinde.

Aber auf der anderen Seite spürt er, dass Jesus ihn nun schnell von sich wegtreiben will. Und er hört, wie er sich verhalten soll: Er soll niemandem etwas von der Heilung sagen. Und er soll sich schnell – wie es Brauch war – den Priestern zeigen. Er versteht Jesus nicht. Er ist nicht in der Lage, jetzt kritisch zu überdenken, was daraus folgen könnte, wenn von Jesus lauter Wundergeschichten erzählt werden und wie sich dann eine Sensationsgemeinde um ihn schart. Er denkt nicht an die, die nur das Wunder suchen, aber nicht bereit sind, den Weg Jesu ins Leiden mitzugehen. Er kann jetzt nicht kritisch reflektieren. Er kann jetzt auch nicht einfach gehorchen, wenn er sich dabei verbiegen muss. Auch wenn es Empfehlungen von Jesus sind. Ihn interessieren jetzt auch keine anderen gesellschaftlichen und religiösen Regeln. Er muss einfach losgehen und erzählen, was ihm widerfahren ist. Sein Herz ist voll, und da geht ihm der Mund über.

„Lobe den Herrn, meine Seele und vergiss nicht, was er dir Gutes getan hat." Das Gotteslob, die Dankbarkeit, lässt sich nicht in höfliche Konventionen einsperren. Es darf sich manchmal auch so ursprünglich und unmittelbar äußern: Einfach erzählen, was man an Gutem erfahren hat, sei es erstaunlich wundersam oder erklärbar. Einfach singen, springen und tanzen. Einfach eine Menge zu einer Party einladen und mit ihnen feiern. Einfach seine Freude zeigen – so wie es Kinder tun, ohne gleich die Folgen zu bedenken. Wem das Gute bewusst wird, das er von Gott empfangen hat, der muss nicht nur brav seinen Diener machen. Der verletzt vielleicht sogar die Regeln der Konvention, wie z.B. die, dass man über Glaubensdinge zu schweigen hätte, weil Religion als intimste Privatsache gilt. Der Dankbare lässt sich nicht seine Gefühle der Freude und nicht das Wort verbieten.

Die Folgen für Jesus waren übrigens beträchtlich: Er konnte sich kaum mehr öffentlich sehen lassen, weil dauernd die Wundersüchtigen zusammenströmten. Nicht einmal an einsamen Orten am Rand der Wüste ließ man ihn in Ruhe. Aber Jesus kritisiert den Geheilten nicht. Und im Markusevangelium hat man ihm ein Denkmal eigener Art gesetzt.

Die Geschichte von der Heilung des Aussätzigen hat viele Seiten. Wir können sie als Mahnung lesen, Kranke und Leidtragende in der Nähe oder in der Ferne nicht loszulassen, sondern für sie da zu sein. Wir können sie als Trost und Vergewisserung lesen, dass Gott in Christus überall dort mitleidet, wo Menschen im Elend leben. Vielleicht sollten wir sie aber im Rahmen dieses Sonntags mit seinen Texten und Liedern vor allem als Ermunterung verstehen, uns an Situationen zu erinnern, in denen auch uns wunderbar geholfen wurde: vielleicht aus einer Ehekrise, aus einer schlimmen Erkrankung, aus einem beruflichen Tief heraus.

Einiges können wir leider schwer vergessen, wie z.B. manche bösen Erfahrungen, die wir gern los wären. Aber vieles Gute vergessen wir schnell. Dabei war auch über uns an manchen Tagen der Himmel offen, und wir konnten die Hand Jesu spüren und sein befreiendes Wort hören.

„Und vergiss nicht, was er dir Gutes getan hat“. Wenn wir Gott danken, dann geht es nicht nur um fromme Pflichterfüllung, um bloße Konvention. Der Geheilte aus unserer Geschichte imponiert mir mit seiner ursprünglichen Freude, mit seiner rebellischen Dankbarkeit, mit seinem übervollen Herzen. Lassen wir uns doch von ihm anstecken!

Amen

Alles ist möglich bei Gott.

Predigt über Mk 10,17-27 am 18. Sonntag nach Trinitatis 2011 im Universitätsgottesdienst in der Nikolaikirche Leipzig

Liebe Gemeinde,
manchmal fällt es uns schwer, Jesus zu verstehen. Da kann man nicht nachvollziehen, was er sagt. Da verhält er sich rätselhaft, nicht normal. Unsere Geschichte ist eine von diesen irgendwie verrückten Jesusgeschichten.

Sie erzählt zunächst von dem sympathischen Auftritt eines jungen Mannes. Er kommt auf Jesus zugelaufen, kniet vor ihm nieder und fragt ihn, was er tun soll, um das ewige Leben zu bekommen.

Jesus müsste sich doch über diesen Auftritt gefreut haben. Einmal nicht das Elend der Kranken sehen und sie behandeln müssen! Endlich einmal kein Pharisäer, der mit ihm diskutieren und ihn eigentlich nur aufs religiöse Glatteis führen will! Einmal keine verstockten Jünger, die nichts begreifen wollen! Sondern ein junger Mann, sympathisch, gut gekleidet, einer mit höflichen Umgangsformen. Und vor allem: Einer, der nicht nur danach fragt, wie er mehr verdienen oder schnell Karriere machen kann. Ein junger Mann mit Idealen, mit einem lebendigen religiösen Interesse, der danach fragt, wie er zu einer inneren Übereinstimmung mit Gott kommen kann, wie er Gott nahe kommen kann in Zeit und Ewigkeit.

Ich weiß nicht, wie oft Pfarrerinnen und Pfarrer auf einen solchen Menschen treffen. Es dürften seltene Sternstunden in ihrem Dienst sein: Ein junger erfolgreicher Mann, der es ernst meint mit seinem Glauben; einer, der sich nicht nur religiös bedienen und versorgen lassen will, sondern der von sich aus kommt und der bereit ist, selbst aktiv zu werden. Wäre das nicht zu schön, wenn wir in unseren Gemeinden viele von solchen jungen Menschen hätten?

Jesus dagegen reagiert eher reserviert: Was nennst du mich gut? Gott allein ist gut – so korrigiert er seine höfliche Anrede. Und er verweist auf die Zehn Gebote. Die würde er doch kennen. An sie solle er sich halten.

Doch so leicht lässt sich der junge Mann nicht abschütteln. „Die habe ich alle gehalten – von meiner Jugend an", sagt er. „Genügt das? Steht dann nichts mehr zwischen Gott und mir?" Jetzt würden wir sicher stutzig: Geprägt von einem tiefen paulinisch-lutherischen Sündenverständnis würden wir das dem jungen Mann nicht so leicht abnehmen. Wer kann denn schon immer die Gebote halten? Aber Jesus reagiert wieder ganz anders. Er sieht den jungen Mann an. Er spürt, wie ehrlich er alles meint. Er nimmt ihm ab, dass er sich stets um ein Leben nach den Geboten bemüht hat. Er weiß: Das ist ein wirklich wertvoller Mensch mit hohen moralischen Prinzipien, der nicht nur an sich, sondern an Gott und an seinen Nächsten denkt. Jesus wird es über dem Gespräch klar, wie gern er diesen jungen Menschen hat. „Er sah ihn an und gewann ihn lieb", heißt es. Man kann auch übersetzen: „Er sah ihn an und umarmte ihn". Vielleicht zeigte er ihm, wie lieb er ihm ist.

Doch dann nimmt die Geschichte eine unerwartete Wendung: „Eines fehlt dir", sagt Jesus. „Geh hin und verkaufe alles, was du hast, und gib's den Armen, so wirst du einen Schatz im Himmel haben, und komm und folge mir nach!" Was für ein schockierendes Wort! Warum stößt Jesus den, der ihm gerade noch so lieb war, den er gerade noch umarmt hat, im nächsten Moment so massiv vor den Kopf?

Die Geschichte Jesu mit dem reichen jungen Mann ist kein Bericht von einer netten freundschaftlichen Unterhaltung. In der Tiefe ist es vielmehr die Geschichte eines Kampfes. Mit dem sympathischen jungen Mann ist eine Macht in die Nähe Jesu gelangt, die seit Tausenden von Jahren die Menschen massiv beherrscht und die, wie es scheint, in den Zeiten der Finanzkrisen und Eurokrisen auch und gerade heute einen unglaublichen Einfluss auf die Menschen hat: die Macht des Geldes, des Kapitals, des Besitzes.

Geld ist ein wunderbar praktisches Hilfsmittel für den Austausch von Gütern, aber es ist zugleich eine Macht, die Hirne und Herzen der Menschen besetzen kann. Diese Macht kann die im Griff haben, die nur wenig besitzen, aber deren Sehnsüchte ganz davon bestimmt werden, endlich reich zu sein und sich alles leisten zu können. Und sie beherrscht die, die viel haben und sich deshalb oft Sorgen machen, wie ihr Geld seinen Wert behalten kann, wenn Aktien abstürzen und sogar scheinbar sichere Immobilienfonds an Wert verlieren. Die Macht des Geldes hat in der Gestalt der modernen Rating-Agenturen ganze Länder und Kontinente im Griff. Sie produziert massive Ängste, die die Konjunktur beeinflussen. Sie beherrscht die weltweit operierenden Banken und Regierungen vieler Länder. Hunderttausende von Arbeitsplätzen sind von ihr abhängig, hunderttausende Menschen mit ihrem Schicksal sind von ihr betroffen.

Warum stößt Jesus den wohlhabenden jungen Mann so massiv vor den Kopf? Vielleicht sogar, *weil* er ihm so lieb ist? „Gib alles weg und folge mir nach“ – warum? Ich muss an ein Gespräch einer Gruppe junger Leute mit einem Mönch aus dem Kloster Münsterschwarzach denken. Es ging um die „evangelischen Räte“, um die Prinzipien, denen man sich als Mönch unterordnen muss: um Armut, Keuschheit und Gehorsam. Wie er denn damit klarkomme, dass er tagein tagaus nur seine Mönchskutte tragen könne, wurde der Mönch gefragt, dass er keine schicke Kleidung hätte, und ob er denn überhaupt kein Bargeld besäße, um mal ein Glas Bier oder einen Kaffee trinken zu gehen. Der Mönch klang in seiner Antwort nicht unglücklich, sondern eher glücklich: „Könnt ihr euch vorstellen, wie viel Zeit ich spare, dass ich nicht einkaufen gehen und dass ich mich nicht mit der neuesten Mode beschäftigen muss?“, fragte er. „Meine Kleidung bekomme ich. Bei uns gibt es keine Konkurrenz, wer die schönsten Markenklamotten trägt. Dass wir kaum Privateigentum haben, das engt uns nicht ein, sondern das macht uns frei.“ Das Geld hatte über diesen Mann keine Macht mehr. Er musste sich nicht um seine Schätze auf Erden sorgen. Er hatte keine. Er konnte viel intensiver an den Himmel oder an andere wichtige Fragen denken.

Ich glaube, dass Jesus mit seiner extremen Antwort auf eine solche Entscheidung des reichen Jünglings abzielt. Er, der so mit Gott verbunden sein will, könnte es halten wie später der junge Kaufmannssohn Franz von Assisi und viele andere, die sich durch eine radikale Entscheidung von ihrem Besitz getrennt und die totale Freiheit von den Zwängen des Geldes gewählt haben. Auch heute hören wir von einzelnen Managern, die ihre Karriere beenden, die ihren Besitz aufgeben und sich in die Natur oder in eine ganz andere Aufgabe zurückziehen, manchmal auch in eine bewusste Nachfolge Christi. Jesu radikales Wort ist eine Einladung. Es geht um einen Weg, wie man sich dieser Macht des Geldes, die so vieles beherrscht, radikal entziehen kann. Diesen Weg schlägt Jesus dem wohlhabenden jungen Mann vor. Doch dessen Gesicht verfinstert sich und er geht traurig davon, „... denn er hatte viele Güter."

Und nun reagieren die Jünger. Sie entsetzen sich über Jesus und sein verrücktes Verhalten. Und als Jesus hinzufügt, dass die Reichen es schwer haben werden, ins Reich Gottes zu kommen, regen sie sich noch mehr auf. Muss man denn nicht Verständnis haben, wenn jemand „viele Güter" hat, dass man die nicht einfach preisgeben kann? Vielleicht hat er sie geerbt von seinem Vater und fühlt sich ihm gegenüber verpflichtet. Ist das nicht zu verstehen? Gibt es nicht auch eine christliche Verantwortung, mit anvertrautem Geld und Gut sorgsam umzugehen, mit ihm Gutes zu tun in einer Gesellschaft – vom Schaffen neuer Arbeitsplätze bis hin zur kleinen Spende für Menschen in Not? Wie schnell wäre eine Gesellschaft pleite, wenn alle nur ihren Besitz verschenkten? Aber Jesus setzt sogar noch eins drauf mit seinem Spruch: „Es ist leichter, dass ein Kamel durch ein Nadelöhr gehe, als dass ein Reicher ins Reich Gottes komme." Kein Wunder, dass sich die Jünger noch mehr entsetzen und sich gegenseitig fragen, wer denn dann überhaupt selig werden könne.

Warum stößt Jesus den reichen jungen Mann so vor den Kopf? Ich vermute: Weil er ihm mit seinem Ruf in die Nachfolge den klarsten und besten Weg anbieten will, den er anbieten kann – in einem radikalen Vertrauen zu Gott leben können, so wie er selbst mit seinen Jüngern. Ein Weg mit allen Unsicherheiten, zwar heute noch nicht zu wissen, wovon man morgen leben soll. Aber ein Leben ohne die täglichen Auseinandersetzungen und Überlegungen, wie mit Besitz und Geld umgegangen werden soll. In königlicher Freiheit im Blick auf Gut und Geld. Mit dieser Lebensmöglichkeit konfrontiert Jesus den wohlhabenden jungen Mann.

Das heißt freilich nicht, dass es nur einen, nur den radikalen, Weg gäbe. Es gibt auch den anderen, den der täglichen Kompromisse, der täglichen Überlegungen und Entscheidungen. Es ist wohl auch der Weg, den die meisten von uns – Du und ich – gehen. Auch da spüren wir es, dass das Geld eine Macht ist, die Menschen im Griff hat. Wie es uns besetzt, vielleicht mit Ärger, weil wir Steuern nachzahlen sollen. Vielleicht mit Unsicherheit und Angst, weil unsere kleine Geldanlage nicht mehr sicher ist, anders als der Berater es seinerzeit versprochen hatte. Wir spüren es, wie das Geld uns beschlagnahmt – vielleicht mit Neidgefühlen, wenn man sieht, was sich der andere neben uns alles leisten kann, obwohl er nicht fleißiger oder begabter ist als wir. Wie es uns in Trab hält – vielleicht mit vielen Fragen, wie man verantwortlich mit ihm umgeht, wem man wie viel spendet oder schenkt, welchem Geldinstitut man sein Geld anvertraut und welchem nicht, ob man mit dem eigenen Geld Mikrokredite unterstützen kann oder ökologische Projekte fördern soll, welche Empfehlungen vertrauenswürdig sind und welche nicht. Fragen über Fragen. Eine ist komplizierter zu beantworten als die andere. Der Weg der Kompromisse ist schwer, weil er uns bindet und weil es meist keine sauberen Lösungen gibt.

Die Jünger fragen Jesus verstört: „Wer kann dann selig werden?" Nur die, die sich zu einer radikalen Weggabe des Besitzes bereitfinden? Das scheint ja eine Lösung zu sein, individuell von der Herrschaft des Geldes freizukommen. Aber kollektiv muss auch ein Kloster sehen, wie es angemessen wirtschaftet, um seinen Betrieb finanzieren zu können. Und gibt es nicht in den Klöstern und Kommunitäten wieder eine Reihe ganz eigener Anfechtungen und Versuchungen, vielleicht die, einander nicht in der Mode, dafür aber in der Frömmigkeit oder Gelehrsamkeit zu übertreffen? Nein, auch ein Kloster ist kein Ort der Seligen. Oder heißt das: Auch die können selig werden, die sich mit viel Kompromissen in Sachen Geld durchwursteln, Leute wie du und ich? Menschen, die äußerlich über Geld verfügen, aber die sich innerlich – mit ihrem Herzen – nicht total an das Geld binden und die deshalb mit ihrem Geld auch anderen Gutes tun wollen? Können die selig werden – mit so vielen Halbheiten?

Unsere Geschichte mit den radikalen Worten Jesu endet mit einem offenen Schluss. Wir wissen nicht, ob der reiche junge Mann nicht eines Tages doch noch zu Jesus zurückgekehrt ist. Wir wissen auch nicht, ob er eines Tages nach Ostern den Weg zur jungen Christengemeinde gefunden hat oder nicht. Das alles bleibt offen.

Am Ende der Erzählung bliebe allein das ratlose Entsetzen der Jünger, wenn nicht Jesus noch einen Satz hinzugefügt hätte: „Bei den Menschen ist's unmöglich, aber nicht bei Gott; denn alle Dinge sind möglich bei Gott." Das ist nun in der Tat ein ganz offener Schluss. Da wird die Frage nach der ewigen Seligkeit noch einmal völlig ver-rückt. Da kommt auf einmal eine ganz andere Perspektive ins Spiel: Es geht nicht mehr nur darum, was wir Menschen tun können, um immer zu Gott zu gehören. Es geht auf einmal darum, was Gott tun wird. Da geht es auf einmal nicht mehr um unsere fromme oder moralische Leistung, sondern um Gottes Güte. Und da öffnet sich das Licht der Gnade über den ratlosen und verstörten Jüngern, über dem reichen Jüngling und über uns allen, die wir diese Geschichte hören: „Alle Dinge sind möglich bei Gott".

Liebe Gemeinde, unsere Geschichte ist eine von diesen irgendwie verrückten Jesusgeschichten. Es kommt ganz anders, als man denkt. Geschichten mit einer ver-rückten Perspektive, mit der Perspektive der Güte Gottes, die alles umfängt: zu unserem Glück, zu unserem Heil.

Amen

Die Augen öffnen für Hoffnungszeichen des Gottesreiches.

Predigt über Lk 11,14-23 am Drittletzten Sonntag des Kirchenjahres 2011 im Universitätsgottesdienst in der Nikolaikirche Leipzig

Liebe Gemeinde,
vieles an dem Bibelabschnitt, den wir gerade gehört haben, mag uns fremd vorkommen oder ziemlich unverständlich. Etwas aber kennen wir, von dem hier die Rede ist: dass Menschen stumm sind. Stumm sein, nicht sprechen können – das gibt es in unterschiedlichen Formen:

- Die einen werden ohne Gehör geboren und können deshalb schwer sprechen lernen.
- Die anderen verlieren durch einen Schlaganfall das Sprechzentrum in ihrem Gehirn.
- Die einen lernen von klein auf, dass ihre Meinung nicht gefragt ist und dass Vater oder Mutter sowieso alles besser wissen – und lernen es vor allem, den Mund zu halten.
- Die anderen sind durch einen besonderen Vorfall so traumatisiert, dass in ihnen seitdem eine große Angst zu Hause ist, die ihnen den Mund verschließt.
- Die einen verkriechen sich in ihrer Wohnung und lassen sich stumm von den elektronischen Medien berieseln, weil sie da wenigstens nicht kritisiert werden und ihre Ruhe haben.
- Die anderen haben in einem politischen System über Jahrzehnte hin gelernt, still und stumm zuzusehen, wie sich die Mächtigen bereichern und die Menschenrechte mit Füßen getreten werden.

Stumm sein, nicht sprechen können – das bedeutet nicht nur, dass eine Körperfunktion ausgefallen ist, die ersetzbar wäre. Es bedeutet vielmehr, ausgeschlossen zu sein von wesentlichen Vorgängen des Lebens; sich nichts zutrauen können; sich über sich selbst zu schämen. Der böse Geist des Verstummens ist noch nicht ausgestorben. Er holt sich seine vielen Opfer auch heute.

In unserer Geschichte trifft Jesus auf einen stummen Menschen. Jesus ist nicht nur als ein vollmächtiger Prediger und begnadeter Lehrer aufgetreten, wie man sich das in der aufgeklärten Theologie und in der bürgerlichen Frömmigkeit im 19. Jahrhundert vorgestellt hat. Er war auch ein Heiler, ein Exorzist. Immer wieder einmal heilte er einzelne Menschen in einer Form, die damals in Israel und im Orient nicht selten war. Er muss ein besonderes Charisma besessen haben, nicht nur predigen, sondern auch heilen zu können. Und so kann er die Stummheit des Mannes besiegen. Der Stumme fängt an zu sprechen. Für ihn beginnt das Leben ganz neu.

Unsere Frage wäre vermutlich vor allem: *Wie* hat Jesus denn das gemacht? Wie soll man sich das erklären? Hat er dazu Naturgesetze außer Kraft gesetzt? Doch geht denn das überhaupt? Oder hat er eine starke innere Verbindung zu dem leidenden Menschen, so dass er dessen psychische Energien aktivieren kann? So ähnlich würden wir fragen. Doch das sind nicht die Fragen der Leute damals. Die fragen vielmehr: *Wer* hat das gemacht? Und für einige aus der Menge ist die Sache eigentlich schon klar: „Er treibt die bösen Geister aus durch Beelzebul, den Obersten der bösen Geister." Aus diesem Wort hat die deutsche Sprache das Sprichwort „den Teufel mit Beelzebub austreiben" abgeleitet. Also: *Wer* hat das gemacht? Jesus mit Hilfe Beelzebuls, des Obersten der bösen Geister, so die Meinung vieler.

Und damit sind wir mitten drin in der damaligen polemischen Debatte um Dämonen und böse Geister, um den Teufel und Beelzebul, also um eine mögliche Hierarchie der bösen Geister, die uns vermutlich doppelt fremd ist:

- Ziemlich fremd ist uns die damalige Art eines rabbinischen Streitgesprächs mit seinen Argumenten und Gegenargumenten, in welchem der Gegner mit Bildworten und Fragen schachmatt gesetzt werden soll. Jesus kennt sich aus – nicht nur in der Art, wie er als Heiler und Exorzist auftritt, sondern auch wie er als Rabbi unter seinesgleichen das Wort zu führen hat: „Wie kann denn das Reich Satans bestehen, wenn er mit sich selbst uneins ist – wenn er Böses tut und das Böse selbst wieder aufhebt? Ist es nicht an der Zeit zu erkennen, dass eine stärkere Macht jetzt sichtbar geworden ist, die Macht Gottes, dass etwas vom Reich Gottes zu erkennen war? Ihr solltet mich nicht als Hand des Bösen, sondern als ‚Finger Gottes' begreifen lernen!" – so einige seiner Argumente.
- Andererseits ist uns auch die antike Geisterwelt ziemlich fremd geworden. Kein Wunder, wenn Geister und Dämonen inzwischen von der Unterhaltungskultur vereinnahmt worden sind, um Kindern und anderen zarten Gemütern einen vorübergehenden Schauer zu ermöglichen – in Geisterbahnen und auf Halloween-Partys.

Aber ist der antike Geisterglaube damit einfach erledigt? Was haben denn die Menschen mit ihrem Geisterglauben eigentlich ausdrücken wollen? Wir müssen uns dabei wohl von Assoziationen an Halloween oder an Gruselfilme freimachen. Geister sind etwas anderes. Sie sind lebensbestimmende Mächte, die sich der Beherrschung durch normale, alltägliche Mittel entziehen.[20] Der antike Mensch rechnete selbstverständlich mit diesen Mächten, weil er wusste, dass das Leben nicht nur eine glatte Fläche ist, sondern ein Wagnis. Er rechnete mit bösen Mächten, weil er um die plötzlichen Gefährdungen des Lebens durch Katastrophen und schlimmes Unglück wusste. Der antike Geisterglaube mag auf uns manchmal primitiv oder sogar lächerlich wirken. Aber vielleicht war er darin weiser als unser Lebens- und Weltverständnis heute, weil er das Leben nicht nur als glatte Fläche, sondern als ein gefährdetes, ambivalentes Geschehen verstand.

Wir glauben nicht an böse Geister, jedenfalls nicht so personifiziert wie damals. Aber stattdessen blenden wir die Gefährdungen des Lebens aus, wir verharmlosen sie, wir haben für sie oft keine Sprache. Wir können eine Krankheit zwar subtil analysieren und manchmal auch sachkundig heilen. Aber wir sind ziemlich ratlos, wenn sie uns selbst betrifft. „Schicksal", sagen wir dann resigniert, „Pech". Oder auch: „Warum gerade ich?" Wir können vielen Lebensverhältnissen, die Menschen stumm gemacht haben, auf den Grund gehen und ihre Ursachen ermitteln. Aber warum es immer wieder dazu kommt, dass Menschen einander unterdrücken und die einen die anderen mundtot machen, das können wir schwer erklären. „So ist halt der Mensch", sagen wir vielleicht.

[20] Ich habe bei dieser Predigt dankbar auf die Anregungen von Hans-Christoph Askani zurückgegriffen, wie der antike Geisterglaube in heutiges Denken zu übersetzen ist, vgl. ders.: Lk 11,14-23, Göttinger Predigtmeditationen, in: PTh 100, 2011, 446-452.

Der antike Mensch hatte dafür seine Sprache: Das waren für ihn die Mächte des Bösen, die das Leben im Griff hatten. Jesus korrigiert dieses Weltbild nicht. Er lässt sich vielmehr in der Diskussion voll darauf ein. Für ihn gibt es auch keinen Grund dazu, die Realität der bösen Mächte in Frage zu stellen. Er hatte doch gerade mit der Stummheit eines Menschen zu tun gehabt. Er war doch gestern erst wieder Aussätzigen begegnet und ihrem Elend. Und er spürte doch jetzt, wie wieder einmal der Geist des Misstrauens im Spiel war in der Diskussion. Die Macht des Bösen war doch tagtägliche Realität!

Nein, was Jesus in Frage stellt, war, ob die Macht des Bösen die einzige und die entscheidende Macht ist, die das Leben beherrscht. „Der treibt den Teufel aus mit Beelzebul" – das war der Kommentar seiner Gegner zur Heilung des Stummen. Wieso waren die so blind, nicht zu sehen, was zu sehen war? Wieso sahen die nicht, dass in der Nähe Jesu die Lahmen gehen und die Stummen reden und den Armen das Evangelium verkündigt wird? Wieso nahmen sie die andere Macht nicht zur Kenntnis, die von Jesus ausging, die Macht Gottes, die Zeichen seines nahen Reiches? Wohl deswegen, weil sie daran nicht glaubten. Wohl deswegen, weil ihr eigentlicher Glaube nicht weiter reichte als bis zum Obersten aller bösen Geister. Weil sie in ihrem nüchternen Realismus zwar eine differenzierte Sprache für die Unwägbarkeiten und die Katastrophen des Lebens hatten, vorgestellt in einer Hierarchie des Bösen. Weil ihnen aber eine lebendige Hoffnung auf Gott abhandengekommen war. Weil selbst ein Wunder ihren bösen Geist der totalen Skepsis nicht besiegen konnte. Weil auch ein Wunder Gottes als bloßer Trick des Teufels gewertet wurde, mit dem er die Menschen narrt und von sich abhängig macht. Gegen diesen teuflischen Unglauben kämpft Jesus.

Liebe Gemeinde, viele von uns werden das Schöpfungsbild von Michelangelo aus der Sixtinischen Kapelle in Rom vor Augen haben, in dem Gottvater Adam mit seinem Finger berührt und ihn so zum Leben ruft. Auch Jesus denkt und redet bildhaft von Gott. Er sieht in seinem Tun und Reden den lebensstiftenden Finger Gottes: „Wenn ich … durch Gottes Finger die bösen Geister austreibe, so ist ja das Reich Gottes zu euch gekommen." Im Evangelium dieses Sonntages heißt es so ähnlich: „Das Reich Gottes ist mitten unter euch". Dort wo Jesus ist, dort ist es. Wo er ist mit seinem Wort, mit seinen Zeichen, mit seiner Gemeinschaft, mit seinem Geist – dort ist es. Dort bricht es auf, inmitten des Lebens mit seinen Gefährdungen und Nöten.

Unsere Geschichte sagt: Die Welt mit ihrer Zweideutigkeit hat eine Grenze. Es gibt noch etwas außer ihr – Gott, die große Kraft des Guten, der Hoffnung, der Liebe, des Erbarmens und Versöhnens. Und diese ist nicht nur außen, in der Zukunft, am Ende des Lebens. Sie ist immer wieder auch gegenwärtig einmal spürbar, hörbar, wahrnehmbar:

- Dort, wo Stummen die Zunge gelöst wird, und wo Gebeugte aufstehen.
- In Nordafrika, wo die alten Diktatoren entmachtet wurden, und ein arabischer Frühling viele Menschen mit einer neuen Hoffnung erfüllt hat.
- Dort, wo eine junge Frau anfängt, die Mauer des Schweigens zu durchbrechen und ihre traumatischen Erfahrungen einem anderen Menschen anzuvertrauen.
- Dort, wo Gehörlose Bildung und Annahme erfahren und reden lernen.

- Dort, wo Menschen sich mit Vertrauen begegnen und einander zuhören.
- Dort, wo sie es lernen, auch für ihren Glauben eine Sprache zu finden.

Manche Orte in dieser Welt sind geradezu zu Symbolen des nahe gekommenen Gottesreiches geworden. Zu ihnen zählt diese Kirche, die Nikolaikirche in Leipzig. Ob uns das bewusst ist, wenn wir hier Gottesdienst feiern? Überall in der Welt wird sie verstanden als sichtbares Zeichen dafür, dass Gott unsere Welt nicht den bösen Geistern überlassen hat, sondern dass er da ist, die große Kraft des Guten und der Hoffnung. Hier in der Nikolaikirche in den Friedensgebeten haben Menschen es gelernt, ihre Sprachlosigkeit zu überwinden. Im Kyrie-Teil, in dem die wirklichen Sorgen und Nöte der Menschen ausgesprochen wurden, auch die, die nicht in der Zeitung standen, dort lernten sie es, vor vielen anderen die Mauer des Schweigens zu durchbrechen und Worte zu finden für ihr Leid. Viele Predigten ermutigten in ihrer Weise dazu, wie z.B. die von Pfarrer Hans Jürgen Sievers am 9. Oktober 1989. In ihr heißt es: „Wir wissen, wie es ist, wie ein Kind behandelt zu werden … So wie man Kindern droht, droht man uns seit Jahren und Jahrzehnten. Immer heißt es: ‚Pass auf, da ist ein Sicherheitsmann. Er horcht und sieht alles.‘ Doch dies ist nun Vergangenheit. Wie die Kinder haben wir uns gefürchtet und haben uns scheu umgesehen. Jetzt sagen wir laut: Wir haben keine Angst. Wir sind erwachsene Menschen. Wir sind keine Kinder, denen man drohen kann.“[21] Und so lernten es viele, offen und frei zu reden, ermutigt vom Evangelium. Und sie lernten es, auf die Straße zu gehen trotz der massiven Polizeipräsenz.

„Wenn ich mit dem Finger Gottes die bösen Geister austreibe, so ist ja das Reich Gottes zu euch gekommen.“ Wenn das so ist, dann hat das Folgen für unser Leben. Dann ist es Zeit, den Geistern der totalen Skepsis und der lähmenden Angst, den Geistern der Sachzwänge und der Trägheit den Abschied zu geben und ihm, Jesus, dem „Finger Gottes“, zu folgen. Dazu fordert Jesus selbst am Ende des Textes auf: „Wer nicht mit mir ist, der ist gegen mich; und wer nicht mit mir sammelt, der zerstreut.“

Lasst uns mit ihm gehen. Lasst uns unsere Augen öffnen für alle Zeichen des Gottesreiches schon heute. Lasst uns auf Stumme und Hoffnungslose, auf Verunsicherte und Zurückgesetzte zugehen und ihnen zur Sprache verhelfen. Lasst uns schon heute aus der Hoffnung auf das Gottesreich leben und handeln. Denn siehe, es ist ja schon da – „mitten unter uns“.

Amen

[21] Zitiert und kommentiert von Hermann Geyer: Nikolaikirche, montags um fünf. Die politischen Gottesdienste der Wendezeit in Leipzig, Darmstadt 2007, 270-273.

Die Klage als Weg zu neuer Hoffnung.

Predigt über Jes 63,15-16.19; 64,1-3 am 2. Advent 2011 in der Gnadenkirche Leipzig-Wahren

Liebe Gemeinde,
die Advents- und Weihnachtszeit gilt als eine Zeit der Lieder. Auch wenn sie kaum noch selbst gesungen, sondern nur eingespielt werden. Die Deutschen singen nicht mehr, sondern lassen nur noch singen. Dennoch sind viele Lieder gut bekannt und bei vielen beliebt, wie z.B. „Macht hoch die Tür" oder „Ihr Kinderlein kommet". Wo sie gesungen werden, dort entsteht schnell die typische Atmosphäre der vorweihnachtlichen und weihnachtlichen Zeit: die stille Besinnlichkeit und Gemütlichkeit. Da sehen wir auf einmal schon etwas vom Christbaum und riechen schon etwas vom Glühwein des Weihnachtsmarktes oder vom Gänsebraten des 1. Weihnachtsfeiertages. Lieder haben die Macht, Atmosphäre zu stiften. Deswegen lieben wir sie in dieser Zeit. Auch der Predigttext dieses Sonntags ist eine Art Lied. Er steht bei Jesaja im 63. und 64. Kapitel (Lesung des Textes).

Liebe Gemeinde,
was für ein merkwürdiges Adventslied! Wenn man diese Verse hört, dann kommt weder Gemütlichkeit auf noch Erinnerung an Glühwein und Gänsebraten. Es ist ein ganz anderes Lied. Es gehört zu einem anderen Advent, der uns eher fremd vorkommen mag. Friedrich Spee, der eigentlich Friedrich Spee von Langenfeld hieß und Ende des 16. Jahrhunderts geboren wurde, hat dennoch diese fremdartigen Verse des Propheten Jesaja als Grundlage zu einem Adventslied genommen, von dem wir eben zwei Verse gesungen haben (EG 7). Der Advent kennt also auch fremde Lieder, die sich nicht auf Gemütlichkeit und Niedlichkeit eingrenzen lassen. Er hat seine eigenen ernsten Themen, gerade unser 2. Adventssonntag. Wovon redet er?

Eine erste Beobachtung: Er stimmt ein Lied an unter verschlossenem Himmel.
Es ist nicht einmal ganz klar, zu welcher Zeit dieser gewaltige Klagehymnus das erste Mal ausgesprochen, gebetet worden ist.

Vielleicht war es eine der kleinen jüdischen Gemeinden in der Zerstreuung, in der Diaspora, nach der Zerstörung des Tempels und nach der Vertreibung des Volkes Israel ins babylonische Exil 587 vor Christus. Da hatten Soldaten das eigene Haus abgebrannt, aber man hatte seine Haut gerettet, man hatte einen entbehrungsreichen Weg in die Fremde hinter sich gebracht und nun wieder ein bescheidenes Dach über dem Kopf gefunden. Aber man war Bürger zweiter oder dritter Klasse. Man war in einem fremden Land. Die Leute sprachen eine andere Sprache und beteten zu anderen Göttern. An die Stelle des bescheidenen Wohlstands in der Heimat war nun drastische Armut getreten. Und das Exil dauerte. Immer mehr gaben die Hoffnung auf, dass es jemals eine Rückkehr geben würde. Wo war da noch Gott? Hatte er sein Volk nicht längst vergessen? „Ach, dass du den Himmel zerrissest und führest herab …" In solchen Exilsgemeinden könnte man so gedacht und gebetet haben.

Oder vielleicht war es eine kleine Gemeinde in Israel, rund 100 Jahre später. Nach langen Jahren und Jahrzehnten war man endlich wieder heimgekehrt ins Gelobte Land. Die Perser unter Kyros hatten eine politische Wende herbeigeführt. Man war heimgekehrt mit großen Hoffnungen:

den Tempel wieder zu errichten, schöner und größer denn je; dem Volk Israel wieder zu Glanz und Ansehen zu verhelfen, den Menschen zu Wohlstand und Frömmigkeit. Aber es wird nichts. Überall nur kümmerliche Ansätze, unfähige Politiker, Niederlagen. Wie konnte das sein, wenn denn Gott auf ihrer Seite war? Oder hatte er sein Volk nicht längst vergessen? „Ach, dass du den Himmel zerrissest und führest herab", so kann es geklungen haben in den neu errichteten bescheidenen Synagogen nach der Rückkehr aus dem Exil in Israel.

Ein wenig mehr wissen wir von Friedrich Spee, dem Dichter des Adventsliedes Nr. 7. 1622 hat er das Lied verfasst. Es ist das Jahr, in dem er, der katholische Theologe, Dichter und Jesuit zum Priester geweiht wird. Der Dreißigjährige Krieg dauert da schon 4 Jahre und sollte noch 26 Jahre dauern. Dabei war er nicht das einzige Elend, das Spee erschütterte. Als Seelsorger und Beichtvater in Würzburg lernte er die Nöte und Qualen der Frauen kennen, die in Hexenprozessen verbrannt wurden. Das wird zu seinem Lebensthema. „Wehe, dass in unserem Vaterland statt der Wahrheit Scheiterhaufen leuchten", so klagt er dieses Unrecht an. Er, der gegen die Lutheraner und für die Gegenreformation kämpfen sollte, handelt sich mit seiner Parteinahme gegen die Hexenprozesse viele Schwierigkeiten bei seinen Vorgesetzten ein. Strafversetzt zur Seelsorge in Kriegsgebieten, infiziert er sich mit einer Seuche und stirbt früh. Wie oft mag er gerufen und gesungen haben: „Ach, dass du den Himmel zerrissest und führest herab … O Heiland, reiß die Himmel auf."

Manche Adventslieder sind anders. Ihr Thema ist der verschlossene Himmel, aus dem nicht ein einziger Lichtstrahl hervortritt. Ihr Anliegen ist die Lebenserfahrung, dass gegen das Elend kein Kraut gewachsen ist und dass nicht Gott, sondern das Leid und der Tod, die Armut und Niedertracht, das Unrecht und der Krieg das Feld beherrschen.

Warum solche Töne gerade jetzt? Stören die nicht eher beim gemütlichen Feiern? Es mag sein, dass sie manchmal – heilsam – stören. Aber es geht ja genau um diese Welt, in die Gott seinen Christus senden will. Es geht ihm um solche Menschen, die keinen Ausweg mehr sehen und denen die Hoffnung vergangen ist. Und deswegen dürfen solche Töne erklingen und solche Lieder angestimmt werden: „Ach, dass du den Himmel zerrissest und führest herab."

Wovon redet unser Lied? *Eine zweite Beobachtung: Es ist eine Klage, kein Gejammer.*
Gejammert wird dauernd unter uns. Vielen Menschen liegt so viel Schweres auf der Seele, dass sie jede sich bietende Gelegenheit nutzen, es anderen zu erzählen. Die im mittleren Alter jammern über ihre Vorgesetzten im Betrieb oder über den täglichen Stress auf Arbeit. Die Älteren haben unendlich viel von ihren Krankheiten zu erzählen, und wie ihnen die Ärzte wieder einmal nicht richtig helfen wollten oder konnten. Und unfruchtbar wird solches Jammern meist schon dadurch, dass jeder meint, dass sein Leid das schwerste sei, und dass man die eigenen Ohren vor dem Leid des anderen weitgehend verschließt. Hat man nicht selbst schon genug zu ertragen?

Unser fremdes Adventslied ist kein Gejammer, sondern eine große Volksklage, vielleicht die sprachlich eindrucksvollste Klagedichtung, die sich im Alten Testament findet. Was unterscheidet klagen von jammern? Das eine auf jeden Fall: Die Klage hat eine Adresse, nämlich Gott. Und sie hat einen Ort: den Gottesdienst. Vielleicht hängt unser dauerndes Gejammere damit zusammen, dass wir so wenig intensiv und konzentriert vor Gott klagen?

An der Klage des Propheten kann man noch immer Erstaunliches beobachten. Er redet im Namen des Volkes nicht vornehm oder abstrakt um die Probleme herum, sondern er redet konkret und leistet sich dabei einen geradezu aggressiven Tonfall: „Wo ist denn dein Eifer und deine große Macht, Gott? Deine (angeblich) große und herzliche Barmherzigkeit spüre ich nicht ... Wir sind wie Leute geworden, über die du niemals herrschtest. Es wirkt so, als hättest Du uns vollständig vergessen.“ Die Klage des Propheten enthält auch Sätze, in denen Gott angeklagt wird. Darf das sein? Darf man so aggressiv Gott gegenübertreten? Was zwischen uns Menschen gilt, gilt wohl auch für die Beziehung zwischen Gott und den Menschen: Eine intensive Beziehung schließt auch Aggressivität, Streit, Leidenschaftlichkeit ein. So lange einer anklagt, Vorwürfe erhebt und kämpft, ist die Beziehung noch nicht zu Ende. Erst die Gleichgültigkeit ist das Ende, der Tod einer Beziehung.

Und so folgen auf die Klage des Propheten dann auch seine Bitten: „So schau nun vom Himmel und sieh herab von deiner heiligen, herrlichen Wohnung.“ Es ist, als ob er sich durchgearbeitet habe von der Klage zur Bitte. Auch da geht es nicht gerade brav zu. Der Beter schlägt Gott geradezu seine Verheißungen um die Ohren: „Du, Herr, bist doch unser Vater; ‚unser Erlöser‘ – das ist von alters her dein Name. Wenn das so ist, dann tue doch, wie du heißt! Dann erweise dich doch als Vater, als unser Erlöser. Dann sieh doch unser Elend an!“

Es kann uns nur guttun, wenn wir auch heute in all unserem alltäglichen Leid unserer Krankheiten, unserer individuellen oder kollektiven Sorgen, unserer Konflikte und Hoffnungslosigkeiten bei den alten biblischen Betern in die Schule gehen. Gründe für Furcht und Klage gibt es genug, wo der Westen von einer Krise in die nächste taumelt und wo die eigentlichen Probleme der Welt immer wieder vertagt werden – die bittere Armut vieler, die Klimaveränderung mit ihren Folgen, das Unrecht in vielen Ländern. Beten, klagen und bitten lernen mit den alten biblischen Psalmen. Vielleicht sprechen wir die alten Vokabeln erst einmal wie Fremdworte nach. Vielleicht kommen uns manche Klagen fremd und aggressiv vor. Aber es kann sein, dass sie eines Tages zu unseren Worten werden. Es kann sein, dass wir uns eines Tages mit unseren Erfahrungen in den alten Worten wiederfinden und dass sie uns helfen, zu klagen – und weniger zu jammern.

Wovon redet unser Lied? *Eine dritte Beobachtung: Es ist ein Gebet, das Hoffnung freisetzt.*
So aggressiv der Beter mit Gott redet und so leidenschaftlich er seine Bitten ausspricht – am Ende formuliert er ein erstaunliches Bekenntnis: „Kein Ohr hat je gehört, kein Auge hat gesehen einen Gott außer dir, der so wohl tut denen, die auf ihn harren.“

Glaubenshoffnung, Gotteserwartung – das sind ja nicht nur Vokabeln, die man in der passenden Situation zur Hand hat oder nicht. Der Beter zitiert nicht nur, was irgendwann einmal gesagt oder geglaubt worden ist, sondern er drückt jetzt seine eigene Hoffnung aus: „Du bist der Gott, der wohl tut denen, die auf dich harren.“ Solche Glaubenshoffnung hat man nicht einfach wie einen ewigen Besitz, der einem immer zur Verfügung steht. Der Glaube spielt sich vielmehr ab zwischen den beiden Polen des Glaubens und des Unglaubens: „Ich glaube, Herr, hilf meinem Unglauben“, so sagt es der römische Hauptmann. Wenn das Leid zu übermächtig wird, vielleicht beim Tod eines geliebten Menschen oder bei einer entsetzlichen Katastrophe, dann ist es schwer, den Glauben zu bewahren. Wenn der Himmel ganz dunkel und verrammelt erscheint, dann ist es kompliziert, auf Gott zu hoffen. Wer in solchen Situationen nichts anderes weiß, als unfruchtbar zu jammern, der bleibt in seinem Jammer stecken. Wer aber – vielleicht mit den Psalmen, mit den Propheten, mit alten Liedversen – fruchtbar klagen und Gott intensiv bitten lernt, in dem kann sich die Hoffnung erneuern. Der stimmt dann mit ein in das Lob- und Bekenntnislied des Propheten: „Kein Ohr hat je gehört, kein Auge hat gesehen einen Gott außer dir, der so wohl tut denen, die auf ihn harren." Und der stimmt dann um so intensiver ein in das Lob unserer Weihnachtslieder: „Lobt Gott ihr Christen alle gleich, in seinem höchsten Thron, der heut schließt auf sein Himmelreich und schenkt uns seinen Sohn ..." „Heut schließt er wieder auf die Tür zum schönen Paradeis; der Cherub steht nicht mehr dafür. Gott sei Lob, Ehr und Preis."

Der so andere Advent mit seinen fremden Liedern nimmt das Leben ernst, so wie es ist. Er hält Töne und Texte bereit für alle die, die es nicht leicht haben im Leben, für Zeiten, in denen die Klage angebracht ist. Dieser Advent ist keine Zeit der Verdrängungen oder Illusionen. Aber er bietet Wege von der Klage zum Gotteslob, vom Protest und Unglauben zur neuen Hoffnung und zu erneuertem Glauben. Deshalb lasst uns einstimmen in diese fremden und gerade so zutiefst wahren Lieder.

Amen

Printed by Books on Demand GmbH, Norderstedt / Germany